UN BÉBÉ POUR TOUT CHANGER

9 mois pour réussir sa transition écologique

W0380246

© Hachette Livre (Marabout), 2020
Aucune partie de ce livre ne peut être reproduite sous quelque forme que ce soit ou par quelque moyen électronique ou mécanique que ce soit, y compris des systèmes de stockage d'information ou de recherche documentaire, sans autorisation écrite par l'éditeur.

UN BÉBÉ POUR TOUT CHANGER

9 mois pour réussir sa transition écologique

MARABOUT

À nos enfants, Alice, Augustin, Charlotte,
Laura et Martin. Et à tous les autres, les vôtres,
qui nous inspirent à imaginer demain autrement.

Sommaire

Mois 4
(1er mois)
LES COUCHES : DES JETABLES AUX LAVABLES

Mois 5
(2e mois)
HABILLER SON BÉBÉ À LA MODE ÉTHIQUE

Mois 6
(3e mois)
NETTOYER SON BÉBÉ ET SON LOGEMENT SANS (S') EMPOISONNER

Mois 7
(4e mois)
FAIRE GARDER BÉBÉ EN MODE ÉCOLO, MODE D'EMPLOI

Mois 8
(5e mois)
L'ÉPARGNE : ÉCONOMISER POUR LES GÉNÉRATIONS FUTURES

Mois 9
(6e mois)
ET APRÈS ?

GLOSSAIRE

Préface

Tout ce que nous touchons ou ingérons est devenu potentiellement toxique. Tout. Pour celles et ceux qui ne le savent pas encore ou qui en doutent, la lecture de ce livre finira de vous convaincre. Être consommateur est devenu très compliqué ! Il faut comprendre, décortiquer, comparer, choisir, ruser, s'organiser…
Mais alors quand on se met à avoir des bébés… alors là, c'est carrément l'enfer ! On veut évidemment le meilleur pour nos petits bébés, le plus doux, le plus sain, le plus pur. Comment éviter les affreuses couches jetables ? Comment choisir la meilleure nourriture, celle qui ne donne pas de cancer ? Quels vêtements choisir ? Les questions tournent en boucle, et les réponses toujours compliquées car elles se heurtent aux trois principes de réalité des jeunes parents : Finissons d'abord les travaux de la maison ! On a la flemme ! On veut dormir !

Il faut pour cela remercier les auteurs de ce livre de nous avoir prémâché le travail. Vous trouverez toutes les réponses à vos questions dans ce guide complet et agréable à lire. Comment faire pour consommer mieux, s'organiser, faire ses propres produits, comprendre les labels, etc. Tout y est.

À tout bien y réfléchir, les bébés nous fournissent quand même une bonne excuse pour s'y mettre enfin, à cette satanée « transition ». C'est maintenant ou jamais ! Si vous ne le faites pas pour vous, faites-le au moins pour eux ! Attention toutefois à ne pas jouer aux parents perfectionnistes qui veulent lire tous les livres et qui deviennent trop stricts avec leur entourage (et surtout avec eux-mêmes), c'est le meilleur et le plus court chemin vers le *burn out* parental. Et les plus touchés (selon une étude) sont les jeunes parents aisés et éduqués, et les femmes… N'oubliez pas de respirer, et de relâcher vos règles strictes. De toutes façon, sachez-le par avance, vos petits mioches choperont toutes les crasses de la Terre, ils auront les mains sales, des maladies à boutons, des chiasses carabinées, la morve au nez, et mangeront plein d'affreux bonbons chimiques, c'est inévitable. Ils absorberont aussi des pesticides involontairement, car c'est notre monde qui veut cela. Ce livre montre comment inverser la tendance, mais il ne garantit pas contre les catastrophes.

Bien sûr, ces trucs et astuces sont pour les parents qui ont *déjà* fait le grand saut. (Et je vous conseille de lire le livre *avant* d'accoucher, pour des raisons évidentes de manque de sommeil). Mais pour les autres, les « pas-encore-parents », une question revient sans cesse : faut-il encore faire des bébés ?

Car en plus d'être toxique, notre monde est devenu extrêmement vulnérable, ou disons sujet aux catastrophes en tout genre, voire à une déconfiture généralisée que d'aucuns appellent « effondrement ». Nombreux sont déjà les événements qui dérèglent notre planète et nos sociétés, ou qui risquent de les secouer de manière… très désagréable. Et j'écris cela en plein confinement dû à la pandémie de Coronavirus !

Alors, un bébé pour la fin du monde ? « Jamais de la vie » assènent certains, et ils ont raison. « Mais bien sûr que oui ! » rétorquent d'autres, et ils ont aussi raison. On peut débattre des heures sur la question démographique, d'un point de vue macro, et d'ailleurs il le faut car c'est un débat démocratique indispensable, mais là n'est pas le lieu d'un tel débat.

Personnellement, avoir deux fils m'a profondément ancré. Ils m'ont donné de la force d'agir, ils m'ont obligé à renforcer mon éthique, à m'engager avec plus d'attention et de soin, avec plus d'alignement et d'authenticité. Nous avons eu un premier enfant « naïvement », en pensant vaguement à l'avenir. Mais le deuxième a été conçu *en connaissance de cause*, je venais de découvrir ce que les scientifiques écrivaient sur les catastrophes, je savais ce qu'on risquait. Ce que nos enfants risquaient. Ainsi, le deuxième est un « bébé du collapse ».

Alors pourquoi ? Les jeunes parents sont fragiles, ils sont irrépressiblement tournés vers l'avenir, le coeur ouvert. Il est strictement impossible de leur dire qu'il n'y a plus d'avenir, ils ne vous croiraient pas, et s'ils vous croyaient, ils en seraient ravagés (j'en ai été le témoin à plusieurs reprises, étant moi-même oiseau-de-mauvaise-augure professionnel). Avec eux, le discours cynique et « aquoibonniste » ne passe pas. Les jeunes parents exigent que l'on s'emploie à reconstruire des horizons, que l'on jette toutes nos forces dans la réouverture des possibles. C'est donc précisément *avec* les jeunes parents, *grâce à eux* que l'on peut reconstruire, réinventer, se battre, s'organiser. Tout simplement car ils n'ont pas le choix, ils ne peuvent se permettre le luxe du déni ou du cynisme. Il faut juste qu'ils dorment un peu, et puis c'est parti !

Les enfants ont forcé ma reconnexion au temps long, au fil de la vie qui nous relie à nos ancêtres jusqu'aux bactéries primordiales, depuis quatre milliards d'années, ce temps long qui nous projette aussi en avant sur plusieurs générations, et qui attise en nous l'attention, la vigilance et le soin pour *ce qui nous dépasse :* le futur, le vivant, la beauté, les liens, le sacré.

Alors en attendant un éventuel tome 2 qui serait très utile et que j'intitulerai « Un bébé en temps de guerre, de pandémie, ou de famine », je finirai par un dicton (dont j'ai oublié l'origine) qui résume parfaitement le sentiment que je ressens en tant que jeune parent : *« Si l'on m'apprenait que la fin du monde est pour demain, je planterais quand même un pommier »*.

Alors, à vos compotes !

Pablo Servigne

Avant-propos

La crise sanitaire causée par la Covid-19 a mis en évidence les fragilités de notre société fondée sur la surconsommation, la dérégulation, l'interdépendance des productions industrielles et agricoles, l'exploitation excessive des ressources naturelles, l'absence de projet commun... Après le choc, les mobilisations se multiplient pour appeler à changer de modèle et construire le monde d'après, celui de nos enfants. Pour eux et tous ceux à naître, il nous paraît, plus que jamais, urgent d'agir. En tant que parents et futurs parents, nous sommes les premiers concernés. Nous rêvons de voir nos enfants grandir dans un monde plus durable, plus solide, plus juste et plus sain. Pour y parvenir, pas de mystère, chacun doit repenser ses habitudes et questionner ses réflexes. Si nous en doutions encore, nous savons désormais que notre système est faillible et qu'il ne faut pas compter (uniquement) sur les autorités pour entreprendre les changements. Nous devons donc être les bâtisseurs de ce monde espéré.

D'autant que la préparation d'une naissance est un moment propice pour questionner son mode de vie. Accueillir un enfant peut en effet interroger sur bien des aspects, particulièrement dans un monde bouleversé par les excès humains. Que va-t-il manger, boire, respirer ? Dans quel monde va-t-il grandir aujourd'hui, vivre sa vie demain ? Autant d'interrogations qui entraînent dans leur sillon des questionnements sur notre propre existence.

Nous sommes auteurs, journalistes spécialisés sur la transition écologique et dans nos propres parcours, la parentalité a joué un rôle majeur dans nos engagements (Mathilde a 3 enfants dont des jumelles, Valère a deux enfants qui ont 21 ans de différence et a été grand-père à 40 ans). Certes, avec notre lot de contradictions, de déceptions, frustrations, mais aussi avec une détermination renouvelée pour revenir à l'essentiel.

C'est aussi ce que nous ont confié de nombreux lecteurs, auditeurs, internautes interpellés par nos articles et émissions. Et une même question revient en boucle : comment puis-je agir efficacement à mon échelle ? Ce livre tente d'apporter des éléments de réponses, grâce aux recommandations des experts interrogés, aux nombreux témoignages recueillis ainsi que nos propres expériences.

Vous découvrirez dans cette contribution neuf thèmes qui correspondent aux neufs mois que nous avons considéré comme essentiels dans la transition à la parentalité, du septième mois de grossesse aux six mois de l'enfant. Neuf mois qui, de toute façon, vont changer votre vie. Chaque partie a été pensée pour donner des clés, mais jamais de leçon, informer sans injonction ni morale. Notre ambition est de vous permettre désormais de faire des choix, pour vous, votre enfant, notre planète.

Mois 1

(7e mois de grossesse)

RIEN NE SERA PLUS JAMAIS COMME AVANT (ET C'EST TANT MIEUX)

①

Êtes-vous prêts pour la transition ?

Vous attendez un enfant. Que vous soyez en début ou en fin de grossesse, il se passe vraiment quelque chose, le concret s'impose.

Bien sûr, il y a les apparences qui ne peuvent plus tromper : ce ventre qui s'arrondit chaque jour, ce petit être qui se manifeste de plus en plus, l'entourage qui parle au futur proche, et, naturellement, vous commencez à vous organiser, il ne faudrait pas se laisser surprendre !

Mais il y a aussi toute la partie immergée de l'iceberg. Le processus personnel de transformation est en marche. Vous vous préparez intimement à l'un des plus grands bouleversements de votre existence. La période qui s'ouvre est tout aussi magique qu'angoissante.

– Magique, car elle laisse toute sa place à l'imaginaire, parce qu'elle est le fruit d'une lente construction vous menant vers un projet de vie désiré : un enfant. Vous ne savez presque rien de ce qu'elle ou il sera et, d'une certaine manière, de ce que vous serez vous-mêmes, mais qu'importe ! C'est d'autant plus vrai quand c'est « la première fois », mais la magie demeure pour les fois d'après aussi.
– Pour autant, au beau milieu de cette période de grâce, l'angoisse pointe : tout sera-t-il prêt ? N'avez-vous rien oublié ? Serez-vous à la hauteur ? Dans quel monde ce bébé va-t-il arriver ?

Plus ou moins consciemment, vous vous mettez en transition pour changer de statut, d'état même, pour être prêts à accueillir ce nouveau membre de la famille.

Pour celles et ceux qui ont déjà entamé une forme de transition, écologique notamment, il ne s'agit pas de courir après plusieurs lièvres ; tout va s'articuler, mieux. Et pour ceux qui sont en plein questionnement, la transition écologique opérée pour offrir le meilleur à bébé va certainement se mettre au service de la transition pour devenir parent, et *vice versa*, comme nous le verrons.

Faire sa transition, qu'est-ce que cela veut dire ?

L'expression est en effet utilisée à tout-va. On imagine spontanément l'idée que l'on va d'un point A vers un point B, sans d'ailleurs être vraiment en mesure de dire à quoi ressemblera B ! En psychologie, « la notion de transition permet de parler de périodes de changements importants dans la vie : parce qu'elle change ou change de cadre d'activité, la personne vit une forme de rupture et va devoir s'adapter à de nouvelles situations. Ces changements impliquent en général à la fois que la personne occupe *une nouvelle place* dans l'espace social imposant de nouveaux rôles, qu'elle acquière des *connaissances et compétences* sociales, cognitives et pratiques, qu'elle *redéfinisse son identité* et *donne un sens* aux nouvelles données et à la transition elle-même[1] ».

Il s'agit donc du « passage d'un état à un autre[2] », qui s'applique aussi bien à la peinture (d'un ton à l'autre), à la littérature (d'une idée à l'autre) qu'à nos vies, qu'il s'agisse de transitions brutales (décès, mutation…) ou évolutives (écologie, idéologie…).

À ce stade, une distinction peut être faite entre le terme « transition » et celui de « changement ». « La transition, c'est la face cachée du changement. La transition, c'est le processus interne non visible, comme la partie immergée du glacier dont on ne perçoit qu'un infime morceau. C'est ce processus un peu mystérieux et si souvent mystifié, qui

1 T. Zittoun et A.-N. Perret-Clermont, « Esquisse d'une psychologie de la transition », *Éducation permanente*, 1, 2000, p. 12-15.
2 Centre national de ressources textuelles et lexicales (cnrtl.fr).

pourtant donne tout son sens, son essence au changement extérieur réalisé[3]. »

La transition est ainsi le processus par lequel on gère les changements dans notre vie, qu'ils soient volontaires ou non. Au quotidien, nous nous adaptons en permanence aux expériences et aux aléas ; c'est une démarche naturelle, que nous soyons ou non à l'origine du changement. « Aller de l'avant, changer, bouger, s'adapter, voilà ce qui est normal. Ce n'est pas d'avoir atteint une opinion, un statut ou une position, et de s'y cramponner. Il n'est pas normal d'être dans un état statique, sur le balcon du monde à tout regarder avec extériorité. Et même si les puissants ont toujours eu intérêt à aligner les gens dans un état en leur faisant croire qu'ils étaient condamnés à rester dans cet état, la nature ne fonctionne pas de cette manière, elle est plus chaotique, elle est tout le temps en mouvement et elle va de l'avant[4]. »

Vivre une transition est donc naturel, avec des hauts et des bas. Comme tous les êtres vivants, nous avons à nous adapter en permanence à de nouvelles conditions d'existence, aux événements familiaux, aux changements externes... Tant notre corps que notre cerveau sont dotés d'un certain degré de plasticité pour réussir ces adaptations. De plus, toute l'histoire culturelle de l'humanité, toute l'éducation visent à augmenter nos capacités d'adaptation aux aléas de notre environnement.

Pour autant, nos modes de vie d'Occidentaux tendent à nous laisser penser que nous pouvons évoluer dans une forme de stabilité. Ainsi, nous parlons de l'avenir avec assurance, nous ne nous lassons pas d'interagir avec nos écrans qui ne dorment jamais, nous mettons tout notre temps et toute notre énergie pour accéder à un statut espéré, pour avoir un peu plus, bref nous vivons comme si tout cela pouvait durer éternellement alors que notre mode de vie est intenable ; nous finissons même, dans certains cas, par vivre comme si nous n'allions jamais mourir.

« En Occident, dans notre monde moderne de consommation, de vitesse, de prêt à jeter, de confort matériel et de recherche constante

---

3 Michelle Roberge, « Accompagner l'individu en transition dans un projet de changement », *Interactions*, printemps-automne 1999, p. 62.

4 Anne-Nelly Perret-Clermont, professeure honoraire à l'Institut de psychologie et éducation de la Maison des processus sociaux (MAPS) de l'université de Neuchâtel (entretien réalisé le 17 juin 2019).

de progrès, nous perdons de vue trop souvent et trop longtemps cette réalité. Nous oublions que le changement commence par une fin, qui est suivie d'un entre-deux menant au commencement, à la nouveauté[5]. »

La transition vers la parentalité : big bang à l'horizon !

Changer, oui, mais pas trop.

Dans certains cas, on perd un peu le contrôle pour glisser vers l'inconnu, un monde où nos instincts primaires vont être mobilisés, où certains de nos repères volent en éclats.

Devenir parent est un gros changement – c'est peu de le dire – qui va bouleverser vos habitudes, votre couple, votre famille, votre relation à vous-même, vos centres d'intérêt.

« Il y a un changement de rôle et de statut qui est clair. On devient père ou mère du jour au lendemain en se retrouvant avec un petit être dans les bras qui va jouer au chef à coups de rires, de sourires mais aussi de pleurs car, pour lui, c'est une question de survie. Cela amène d'ailleurs des changements corporels évidents chez la femme, mais chez l'homme aussi, la sensibilité est touchée, il se retrouve dans des gestes qu'il n'a peut-être jamais eus, c'est aussi une métamorphose. On peut donc dire que la parentalité est une transition qui fait expérimenter des rôles très nouveaux en faisant vivre aux deux parents des bouleversements assez profonds[6]. »

Il est vrai qu'en regardant les choses avec objectivité, avant d'être parents, nous ne sommes pas habitués à porter une telle attention à l'autre, à subir des cris, des pleurs et des sollicitations parfois incompréhensibles et ce, à toute heure du jour et de la nuit. Nous ne sommes pas plus habitués à vivre autant d'émotions fortes en si peu de temps.

On bascule d'une certaine manière dans l'âge adulte en devenant parent, mais on se retrouve aussi comme un enfant qui a tout à apprendre ou presque ! Loin des livres et des conseils bienveillants, la réalité est en effet souvent différente.

---

5 Michelle Roberge, « Accompagner l'individu... », art. cité, p. 66.

6 Anne-Nelly Perret-Clermont, professeure honoraire à l'Institut de psychologie et éducation de la Maison des processus sociaux (MAPS) de l'université de Neuchâtel (entretien réalisé le 17 juin 2019).

La parentalité amène à puiser en nous de nouvelles ressources, à animer des instincts et à remettre la vie et l'amour au cœur de notre quotidien, loin du superflu. C'est ni plus ni moins qu'un « big bang », une incroyable explosion qui peut nous mener vers le meilleur. Mais pour cela, il y a un processus de transformation à accepter.

2

Parentalité et transition écologique : et si c'était le combo gagnant ?

Et si une transition en soutenait une autre ? Alors que le changement ouvre l'esprit, que les habitudes sont bousculées, pourquoi ne pas en profiter pour aller plus loin qu'on l'aurait imaginé ?

Pour celles et ceux d'entre vous qui ont amorcé leur transition écologique et qui viennent de devenir parents, vous êtes certainement dans la situation idéale pour profiter d'un premier « retour sur investissement » avec bébé, une grosse source de motivation pour poursuivre vos efforts ! Et pour les presque-parents, c'est le parfait moment pour entrer dans une zone fertile afin de changer vos habitudes en vous focalisant sur de grands sujets qui vont vous intéresser de plus en plus dans votre nouvelle vie de parent responsable de sa progéniture : santé, alimentation, équipement, environnement, modèle de société...

La parentalité au service de la transition écologique

Puisque la transition s'impose, autant en profiter ! Comme nous l'avons dit, devenir parents vous fait entrer dans une nouvelle vie. Une vie tournée vers un petit être qui va être l'objet de toutes vos attentions. Une nouvelle vie qui bousculera quelque peu vos boussoles pour vous mener sur un autre chemin que celui de la consommation et de l'avoir, un chemin vers l'empathie, l'amour, le partage et la coopération.

- D'abord, la parentalité ouvre une période de bouleversements nous mettant dans une position d'ouverture au changement, nous l'avons dit, mais aussi de curiosité et de remise en question de nos modes de vie. Cet état d'esprit est propice à changer ses habitudes, à repenser ses priorités, au sens que l'on veut donner à son existence.
- Ensuite, l'attention que nous portons désormais à notre enfant, mais aussi à son environnement, à sa santé et au monde dans lequel il vivra demain, est particulièrement porteuse pour développer notre **sensibilité à l'écologie**. En définitive, on pourrait dire qu'en devenant parent, on se recentre sur ce qui compte vraiment.
- Mais cela n'est pas tout. Nous nous responsabilisons aussi beaucoup plus, à la fois en tant que parent, mais aussi en tant que **citoyen**, car nous ne portons plus le même regard sur les conséquences de nos actes, qui prennent tout d'un coup une autre tournure.
- Enfin, l'amour inconditionnel que nous allons ressentir et vivre pour ce petit être peut contribuer à nous sentir davantage impliqué dans ce qu'il se passe autour de nous. Les **enjeux** écologiques deviennent plus concrets, et cela peut nous pousser à l'**action**.

Pour la professeure Perret-Clermont, « à partir du moment où les choses bougent, tout bouge ! Cela dit, la question qui se pose est celle de savoir si nous sommes trop seul et isolé face à notre tâche de parent et dans l'illusion écrasante de devoir devenir un “parent parfait” ou si, au contraire, nous savons nous situer dans des réseaux d'entraide et nous en retrouver ainsi assez instrumenté pour tirer de l'aventure de la parentalité une joie et une forme de dynamisme. Pour qu'une transition en appelle une autre, reconnaître au quotidien les bienfaits de la solidarité et de l'entraide peut être très utile sur tous les plans. Et observer le regard que l'enfant porte sur le monde amène à beaucoup de questions qui sont autant d'appels à la responsabilité, à la curiosité créative et à l'art de cueillir les bienfaits du moment[7] ».

---

7 Anne-Nelly Perret-Clermont, professeure honoraire à l'Institut de psychologie et éducation de la Maison des processus sociaux (MAPS) de l'université de Neuchâtel (entretien réalisé le 17 juin 2019).

Qu'appelle-t-on exactement « transition écologique » ?

Il est fréquent de réduire l'écologie à l'environnement. La définition de l'écologie telle que la donne le dictionnaire Larousse est en réalité plus large, puisqu'on parle de « la science ayant pour objet l'étude des êtres vivants (animaux, végétaux, micro-organismes) avec leur environnement, ainsi qu'avec les autres êtres vivants ».

Vouloir « faire sa transition écologique » est donc un sacré défi qui s'inscrit dans une approche globale. Car il y a derrière cette idée l'ambition de se repositionner au sein de l'écosystème dans lequel nous vivons pour y occuper une place en harmonie avec les autres espèces vivantes, mais aussi avec notre propre espèce ! Le moins que l'on puisse dire, c'est que nous évoluons aujourd'hui à peu près dans une situation diamétralement opposée à ce dessein ! Le processus de transition risque donc d'être long, constitué de petits pas... et de grosses embûches.

Si on l'applique au modèle occidental, faire sa transition écologique consiste essentiellement :

- à adopter des **modes de consommation plus sobres**, davantage tournés vers l'économie circulaire (seconde main, réparation, réutilisation...) et **plus éthiques** (tenant compte des conditions de fabrication sur le plan social et environnemental) ;
- à **modifier ses habitudes** pour mieux prendre en compte **leurs conséquences**, qu'il s'agisse d'alimentation, de mobilité, de consommation d'énergie mais aussi d'habitat.

Cela concerne également la façon dont nous nous engageons au quotidien, nos **activités professionnelles et associatives** notamment. Cette liste, non exhaustive, montre à quel point le champ est large.

Tous les domaines de la vie quotidienne sont concernés, les degrés d'implication peuvent être nombreux et vont dépendre de facteurs socioculturels, géographiques, familiaux...

La transition écologique au service de la parentalité

Mais qu'est-ce que la transition écologique, et tout ce qu'elle implique, entraîne comme conséquences dans notre façon d'aborder la parentalité ?

Faire sa transition nous mène sur ce chemin de la sobriété, **du moins et du « mieux »**, de l'éthique et de la responsabilité. Plus concrètement, il s'agit aussi de privilégier un mode de vie plus sain, qu'il s'agisse de notre alimentation, de nos choix de consommation... Mais aussi de considérer que l'autre est potentiellement un allié – la solidarité et la collaboration font partie des valeurs écologiques.

Et puis, faire sa transition, c'est **ne plus subir**. Or la voie de l'action n'est pas si évidente dans une société de consommation. Nous sommes habitués à nous laisser faire autant que possible. Alors reprendre sa vie en main pour aller vers un quotidien différent de celui auquel nous sommes destinés est un vrai défi. Cette volonté nécessaire à la transition écologique peut naturellement être mise en œuvre à l'occasion d'une transition vers la parentalité dans laquelle nous serons pleinement acteurs, prêts à ne pas subir le changement, mais à l'aborder en étant en action, ce qui change tout !

En définitive, devenir parent est une occasion rêvée de se simplifier la vie. Si cela peut paraître paradoxal au premier abord, vous avez pourtant là une belle opportunité de revenir à l'essentiel.

Par expérience, lorsqu'on attend un enfant, en particulier le premier, les sirènes du marketing retentissent avec une certaine efficacité. Vous découvrez un monde de promesses qui a un seul but : vous rassurer et vous laisser penser qu'en achetant tout ira bien.

Évidemment que tout ira bien puisque vous ferez ce qu'il faut pour cela. OK, ce n'est pas simple mais c'est inné. Et ce qui est certain, c'est que ce ne sera certainement pas grâce aux divers gadgets, équipements en tout genre et technologies dernier cri que cela se fera.

Un exemple parmi d'autres : celui d'un transat du futur, aperçu chez des amis, qui berçait leur nouveau-né avec une palette de programmes censés l'aider à se relaxer en mode automatique. Au-delà de l'image de ce petit être laissé seul sur cette chose articulée sans âme, il était difficile d'être convaincu de l'efficacité de cet appareil qui avait dû coûter cher, mais il semblait clair que l'enfant ne l'appréciait pas du tout. Sans parler du fait qu'il avait dû être fabriqué très loin d'ici, dans des conditions sociales et environnementales peu voire pas du tout encadrées. Le même constat vaut pour les équipements, les jouets, les habits, le mobilier, etc.

En appréhendant nos besoins à travers le prisme des enjeux écologiques, **on va à l'essentiel, on reste sobre et, de fait, on se simplifie le quotidien**. Notre temps disponible est moins vampirisé par quantité de sollicitations futiles. Autant dire que c'est salutaire quand bébé ne manque pas de mobiliser notre attention à 200 % !

Faire sa transition en famille : pourquoi et pour aller où ?

PARCE QUE L'URGENCE EST LÀ ET QUE LE SURSAUT SE FAIT ATTENDRE

Puisqu'il semble manifeste que ni les gouvernants politiques ni ceux à la tête des grandes compagnies ne semblent prêts à engager un changement de modèle profond, il ne reste qu'un espoir : que tout le monde s'y mette.

Évidemment, pour de très nombreuses personnes, la vie est déjà assez dure comme ça pour ne pas avoir à en rajouter. Et même si de plus en plus de solutions sont présentées avec un double avantage, économique et écologique, elles paraissent encore bien souvent hors de portée. Il n'en demeure pas moins que nous pourrions déjà être des millions à envisager le quotidien vraiment autrement. Mettre la sobriété au cœur de nos vies, le bonheur en première richesse, l'entraide en vertu cardinale et sans conditions, permettrait sans doute de vivre mieux et d'éclaircir un futur pour le moins incertain.

Car désormais, non seulement tout le monde sait, mais en plus ça se voit. On ne parle plus de dérèglement climatique, d'extinction des espèces ou de pollutions catastrophiques à un horizon plus ou moins lointain. On parle bien d'ici et maintenant.

Depuis quelques années, les rapports et études scientifiques se suivent et se ressemblent.

- Il y a bien sûr le **rapport du GIEC** (Groupe d'experts intergouvernemental sur l'évolution du climat), publié en octobre 2018, qui a considéré « probable que le réchauffement climatique atteigne + 1,5 °C entre 2030 et 2052 s'il continue d'augmenter au rythme actuel[8] » avec des conséquences dramatiques (déclin de la biodiversité, événements climatiques extrêmes, baisse des productions agricoles, migrations massives, mise en danger de la santé des humains...).

– Il y a aussi ce **rapport de recherche rédigé par David Spratt et Ian Dunlop**[9] qui évoque la possibilité que l'espèce humaine disparaisse à l'horizon 2050. Les chercheurs australiens sont clairs : « La planète et l'humanité auront atteint un point de non-retour à la moitié du siècle. [...] Sans une action radicale et immédiate, nos perspectives sont faibles. »

Inutile d'en rajouter puisque, à présent, « tout le monde en parle ». Il y a urgence et le temps nous est compté pour éviter de laisser à nos enfants un cadre de vie délétère.

Pourtant, à part des discours vernis de vert, des saupoudrages ici, des annonces sans lendemain là, un petit effort en passant, il n'y a aucune amorce de transition globale et puissante à l'horizon national, européen ou mondial. En dehors d'une mobilisation populaire massive, qu'est-ce qui pourrait sauver le monde dans le contexte actuel ? Et quand bien même le salut ne viendrait pas uniquement des citoyens, ces derniers pourraient être à l'origine d'un sursaut indispensable pour les générations futures mais aussi pour les générations présentes !

Qu'est-ce qui pourrait créer cet électrochoc ? La peur que tout s'effondre ?

Pour David Uzzell, professeur de psychologie environnementale, la peur ne peut pas « être un outil pour encourager ou persuader de changer [les] comportements[10] ». Pour le chercheur, la peur mène à trois types de réaction :

---

8 Rapport du GIEC, « Réchauffement climatique de 1,5 °C », résumé à l'intention des décideurs, 6 octobre 2018.

9 Existantial climate-related security risk : a scenario approach, mai 2019 (https://docs.wixstatic.com/ugd/148cb0_a1406e0143ac4c469196d3003bc1e687.pdf).

10 « Face aux enjeux climatiques, la peur ne mène pas à l'action mais au déni », *Le Temps*, 7 mai 2019, https://www.letemps.ch/societe/face-aux-enjeux-climatiques-peur-ne-mene-laction-deni

– la sidération,
– une réaction basée sur une solution de court terme (acheter une clim' quand il fait chaud),
– le déni.

VOIR CE QUE L'ON AURAIT À GAGNER PLUTÔT QUE CE À QUOI ON DEVRAIT RENONCER

Nous avons tous une vie, des contraintes, un cerveau tourné vers le court terme, et nous vivons dans un modèle de société très éloigné de ce qu'il conviendrait de faire pour éviter le pire. Alors quel grand changement pourrait nous pousser à accélérer notre engagement ?

Pour le professeur Uzzell, « on a besoin d'un contre-récit qui désacralise la consommation comme condition au bonheur et à l'épanouissement. Au lieu de se concentrer sur ce à quoi nous devrions renoncer en tant que consommateur, la communication devrait insister sur ce que l'on a à gagner en changeant de comportement : nous pourrions avoir une meilleure qualité de vie, moins de stress, des villes plus vivables, plus d'égalité et même des économies bâties sur des principes différents, qui reposeraient sur des jobs socialement utiles et moins préjudiciables à l'environnement[11] ». On imagine effectivement mieux nos enfants dans ce type de société plutôt que dans un monde de consommation menant la planète dans le mur, et notre espèce avec, vous ne pensez pas ?

VOTRE BÉBÉ, MOTEUR DU CHANGEMENT

Lorsque nous devenons parents, nous vivons une période exceptionnelle à l'échelle d'une vie, faite de bouleversements, de surprises, de doutes et de beaucoup de bonheur. D'un point de vue psychologique, devenir papa ou maman est un processus de mutation puissant auquel on n'échappe pas. « La transition vers la parentalité est un exemple de transition d'abord causée par un changement interne, et qui a des conséquences à différents niveaux. La personne qui passe de "sans enfant" à "parent" se modifie, elle change d'abord de statut social,

11 *Ibid.*

avec de nouvelles responsabilités morales et financières. L'équilibre du couple est également modifié[12]. »

Chaque personne qui s'engage dans un processus de transition écologique a un projet en tête. Les motivations et l'idée que l'on se fait de l'idéal écologique sont propres à chacun de nous. Pour autant, il y a probablement un levier puissant d'accélération de la transition écologique à l'échelle d'une famille, à la naissance d'un enfant, pour au moins deux raisons qui deviennent alors existentielles.

- **Reprendre le contrôle de sa vie** : s'affranchir d'un modèle qui privilégie l'avoir sur l'être est souvent une source de motivation majeure pour faire sa transition. Depuis quelques années, une prise de recul s'est opérée pour des millions de personnes par rapport à la société dans laquelle nous vivons tous, une société ultraconsumériste qui détruit notre écosystème, laissant peu de chance à l'avenir d'accueillir la vie dans de bonnes conditions. Le résultat est peu réjouissant au quotidien : frustrations en tous genres, addiction aux écrans, sentiment d'inégalité... La liste est longue. Et il faut désormais vivre avec les conséquences de ce mode de vie qui a vécu. Pollutions de l'air, des sols et des eaux, nouveaux risques sanitaires, changement climatique, etc. Face à ces symptômes, nous sommes de plus en plus nombreux à vouloir agir sur les causes. Fini le temps du constat et de l'idée que nous n'aurions d'autre choix que d'être les spectateurs de notre propre chute, le temps de la réaction (et de la réponse) est venu. Bien sûr, cela ne suffira pas, mais là n'est plus la question, il y a urgence ! Or devant la vie que nous venons de créer, devant ce petit être qui n'a que le futur comme horizon, il est difficile sinon impossible de rester les bras croisés.
- **Ne plus préempter l'avenir des générations futures** : une des grandes prises de conscience qui suivent la naissance de son premier enfant – et qui se renforcent avec les suivants – est de comprendre qu'au-delà de notre propre existence, il y aura un avenir dont nous nous préoccupons désormais. Évidemment, nous savons tous qu'*a priori* la vie continuera après la nôtre. Mais cette idée n'est jamais

12 Tania Zittoun et Anne-Nelly Perret-Clermont, « Contributions à une psychologie de la transition », Congrès international de la société suisse pour la recherche en éducation, 2001, p. 6.

plus concrète (et dans certains cas angoissante) que lorsqu'on a donné la vie. Cette nouvelle réalité s'installe progressivement mais assurément : cet être que nous aimons de manière inconditionnelle est bien notre prolongement, son présent nous intéresse, son futur tout autant, avec et sans nous. Ainsi, la question existentielle qui se pose à de nombreux parents peut se formuler en ces termes : « Dans quel monde mes enfants vont-ils vivre ? » S'ensuivent d'autres questions tout aussi saisissantes comme : « Vont-ils me demander des comptes sur la situation dans laquelle nous sommes ? Est-ce notre faute, après tout ? Était-ce bien raisonnable de donner la vie dans un monde en crise ? »

Nous ne donnerons pas de réponse ici. Chacun trouvera les mots, les réponses ou les constructions pertinentes à sa propre situation. En revanche, nous pouvons désormais partager un constat : devenir parent mobilise au présent pour l'avenir, notre horizon se déplace pour devenir celui de notre enfant.

Quand on parle de transition écologique, on parle en réalité d'un futur souhaitable, où nous prenons soin de la santé de tous, où le travail retrouve un sens perdu. D'un monde où le bonheur est une ambition partagée.

Mois 2

(8e mois de grossesse)

L'ALIMENTATION, LA CLÉ POUR ÊTRE EN BONNE SANTÉ

1

Pourquoi faut-il soigner son alimentation (particulièrement quand on est enceinte) ?

Le troisième trimestre de grossesse est la dernière ligne droite. À ce stade, certaines femmes trépignent d'impatience de rencontrer leur bébé, tandis que d'autres souhaiteraient que cet état se prolonge indéfiniment. Une chose est certaine, les futures mères souhaitent le meilleur pour la santé de leur enfant. Tant mieux, car ces derniers mois sont essentiels pour son développement.

Préparer les goûts de l'enfant à naître

Avoir une alimentation équilibrée et saine pendant la grossesse est un moyen de protéger l'enfant à naître. Les mères qui consomment beaucoup d'**aliments gras** au cours du troisième trimestre risquent de développer une dépendance plus importante aux graisses et aux sucres, et donc une prédisposition pour la « malbouffe » chez leur enfant, selon les résultats d'une étude australienne[1]. Or le développement de la zone neuronale, qui se fait en particulier au dernier

1 Jessica Rose Gugusheff, Zhi Yi Ong et Beverly Sara Muhlhausler, « The early origins of food preferences : targeting the critical windows of development », *FASEB Journal*, décembre 2014.
https://www.fasebj.org/doi/abs/10.1096/fj.14-255976

trimestre de grossesse, est sensible aux signaux envoyés par ce type d'alimentation.

À l'inverse, « certaines mères accentuent la consommation d'aliments bien précis pendant leur grossesse, pour s'assurer que leur enfant les appréciera par la suite. Ces intuitions sont désormais prouvées scientifiquement », explique Sandrine Monnery-Patris, chargée de recherches à l'INRA, au sein du Centre des sciences du goût et de l'alimentation : « Nous avons observé des comportements différenciés des bébés en fonction de ce qu'ils avaient vécu pendant la grossesse. Par exemple, des expériences ont montré que des bébés s'orientent davantage vers des biscuits à l'odeur anisée si leur mère a consommé de l'anis pendant sa grossesse. »

Préserver la santé de l'enfant

Par ailleurs, les mères qui consomment trop d'aliments riches en matières grasses durant leur grossesse peuvent augmenter le risque de **cancer du sein** chez leurs filles et leurs petites-filles, selon une étude américaine publiée dans la revue *Nature Communications*[2].

Une alimentation saine et équilibrée protège aussi contre les **perturbateurs endocriniens**. Ces derniers doivent être évités à tout prix, en particulier par les femmes enceintes, car ils interfèrent avec le système hormonal et peuvent en altérer le fonctionnement et les communications. Or, pendant la grossesse, la bonne marche des hormones est essentielle, notamment pour assurer le développement du cerveau de l'enfant ou pour que le fœtus devienne un garçon ou une fille. « De nombreuses études démontrent que les pesticides[3] viennent perturber le système endocrinien. C'est trop complexe pour être prouvé scientifiquement, mais nous avons pu le constater empiriquement », avance Philippe Pointereau, agronome et directeur du pôle agroenvironnement de Solagro.

Aussi, les experts recommandent de ne prendre aucun risque, durant cette période si spécifique, et de **privilégier les fruits, légumes et**

---

2 Sonia de Assis, Anni Warri, M. Idalia Cruz, Olusola Laja, Ye Tian, Bai Zhang, Yue Wang, Tim Hui-Ming Huang et Leena Hilakivi-Clarke, « High-fat or ethinyl-oestradiol intake during pregnancy increases mammary cancer risk in several generations of offspring », étude de l'université de Georgetown publiée dans la revue *Nature Communications*, septembre 2012.

3 Pour plus d'information, voir page 195.

céréales issus de l'agriculture biologique, qui contiennent moins de pesticides.

Plus tard, en grandissant, les raisons de privilégier toujours le bio ne manquent pas. Selon une étude française publiée dans la revue *Jama Internal Medicine*[4], les consommateurs d'aliments bio ont un risque moindre de développer des **cancers**. Cette étude de grande ampleur a été menée durant sept années auprès de 70 000 personnes. Sur cette période, 1 340 cancers sont apparus chez les participants, dont des cancers du sein (459), de la prostate (180), de la peau (135), colorectaux (99), des lymphomes non hodgkiniens (47) et d'autres lymphomes (15). Or les auteurs ont constaté que la consommation importante d'aliments bio « était inversement associée avec le risque de cancers ». « Une diminution de 25 % du risque de cancer a été observée chez les consommateurs "réguliers" d'aliments bio. Le lien est encore plus marqué pour les cancers du sein chez les femmes ménopausées (– 34 % de risque) et pour les lymphomes (– 76 % de risque).

La meilleure qualité des aliments bio, plus riches en micronutriments (antioxydants, caroténoïdes, polyphénols, vitamine C, acides gras...), ainsi que la moindre présence de résidus de pesticides synthétiques expliquent en partie ces résultats, selon cette étude.

Se nourrir de produits bio fait également chuter le risque d'**obésité** et de **surpoids**, selon les découvertes d'une équipe de recherche française publiées dans le *British Journal of Nutrition*[5]. Les scientifiques ont comparé l'évolution du poids des participants en lien avec leur consommation d'aliments issus de l'agriculture biologique. Les auteurs de l'étude concluent que plus on mange bio, plus le risque d'être en surpoids diminue. Les adeptes de l'agriculture biologique verraient leur

4 Julia Baudry, Karen E. Assmann et Mathilde Touvier, « Association of Frequency of Organic Food Consumption With Cancer Risk Findings From the NutriNet-Santé Prospective Cohort Study », publiée en octobre 2018, https://jamanetwork.com/journals/jamainternalmedicine/article-abstract/2707948

5 Emmanuelle Kesse-Guyot, Julia Baudry, Karen E. Assmann, Pilar Galan, Serge Hercberg et Denis Lairon, « Prospective association between consumption frequency of organic food and body weight change, risk of overweight or obesity : results from the NutriNet-Santé Study », publiée en octobre 2017.
https://www.cambridge.org/core/journals/british-journal-of-nutrition/article/divclasstitleprospective-association-between-consumption-frequency-of-organic-food-and-body-weight-change-risk-of-overweight-or-obesity-results-from-the-nutrinet-sante-studydiv/1B800116CA8AFD21D26B6DF877EF7AC1#

risque de devenir obèse chuter de 31 %. Là encore, la meilleure qualité nutritive des aliments biologiques – plus riches en minéraux, antioxydants, magnésium et matière sèche – est avancée pour expliquer ces observations. Les céréales contiennent moins de métaux lourds et les légumes moins de nitrates. Quant aux produits animaux, ils apportent davantage d'acides gras polyinsaturés, recommandés par les nutritionnistes, et plus de lipides de la famille des oméga-3, dont les bienfaits sur la santé sont avérés.

Protéger la planète

Les choix alimentaires sont également lourds de conséquences sur la planète. « Il y a vingt ans, les considérations liées à l'alimentation étaient essentiellement centrées sur la santé, mais aujourd'hui l'impact sur la planète est également pris en compte, ces préoccupations sont exacerbées quand on devient parent », précise Sandrine Monnery-Patris, chargée de recherches à l'INRA. Ainsi a fait Adèle, mère de trois enfants, qui a souhaité changer certaines habitudes à la naissance de son troisième enfant pour « compenser l'empreinte carbone de la famille ». « La bonne nouvelle, c'est qu'une alimentation meilleure pour la santé l'est aussi pour l'environnement ! » affirme de son côté Philippe Pointereau, agronome, corédacteur du scénario Afterres 2050, scénario de transition agricole, alimentaire et climatique, élaboré par Solagro[6].

De fait, l'ensemble du système alimentaire – de la production à la consommation – représente près de 30 % des émissions de gaz à effet de serre sur le territoire français, selon le ministère de la Transition écologique[7]. Le bilan carbone de l'élevage est particulièrement élevé, car il est nécessaire de produire des végétaux en quantité pour nourrir le bétail. Il faut en effet 11 calories d'origine végétale pour produire 1 calorie de bœuf, 8 calories d'origine végétale pour produire 1 calorie de lait et 4 calories d'origine végétale pour produire 1 calorie de porc, de volaille ou d'œuf. Au total, l'élevage compte pour presque 80 % des émissions de gaz à effet de serre du secteur agricole à l'échelle mondiale

6 https://afterres2050.solagro.org/a-propos/le-projet-afterres-2050/

7 « Les systèmes alimentaires durables territorialisés », ministère de la Transition écologique, avril 2017.

– en tenant compte des cultures utilisées pour l'alimentation animale, de la fermentation entérique et de la gestion des déjections.

Par ailleurs, les pesticides utilisés pour produire ces céréales ont une large part de responsabilité dans l'effondrement de la biodiversité, même si ce n'est pas le seul facteur.

Parallèlement, le secteur agricole est l'une des seules activités capables d'atténuer les changements climatiques en stockant du carbone dans les sols.

« Nous devons engager rapidement une transition vers une alimentation plus durable, d'autant que la France voit sa population croître, donc il va falloir nourrir 7 millions de personnes en plus d'ici 2050 dans un contexte où l'on perd 80 000 hectares de terres agricoles par an du fait de l'artificialisation des sols. Nous sommes dans une équation où nous avons toujours moins pour faire plus », alerte Philippe Pointereau, spécialiste de l'agroécologie.

Concrètement, où se procurer une alimentation saine, comment moins gaspiller et par quoi remplacer la viande ?

2

Passer à l'acte : quel type d'alimentation privilégier ?

Une alimentation plus végétale et moins carnée

Une solution simple et efficace est de se tourner vers un régime plus végétal, préconisent de nombreux scientifiques et nutritionnistes. Selon le cinquième rapport du GIEC (Groupe d'experts intergouvernemental sur l'évolution du climat), la simple application des recommandations nutritionnelles de la Harvard Medical School, qui conseille de **limiter la consommation moyenne de viande de ruminants à 10 g par jour** et la consommation des **autres viandes, du poisson et des œufs à 80 g par jour**, permettrait de réduire de 36 % les émissions de gaz à effet de serre d'origine agricole, et de plus de 8,5 % les émissions totales.

MOINS DE PROTÉINES ANIMALES

« Au lieu de consommer deux tiers de protéines animales, il faudra consommer deux tiers de protéines végétales. Il faut aussi se tourner vers un régime plus biologique. Avec ces évolutions, nous pouvons tout à la fois améliorer la santé des gens et l'environnement. Mais il faut engager cette transition rapidement », encourage Philippe Pointereau[8].

---

8 « L'alimentation des jeunes enfants : quelle responsabilité pour les parents ? », Conférence de mars 2019 au Ministère de la Santé.

Les jeunes enfants sont particulièrement concernés par cette surconsommation de viande. « L'enfant de moins de 3 ans consomme trop de protéines animales alors que ses reins sont encore immatures, ce qui peut provoquer des pertes en minéraux et jouer sur sa santé », précise ainsi Laurence Traversier, psychonutritionniste.

La bonne quantité par jour ?

- 10 g de protéines pour les moins de 1 an
- 20 g pour les enfants de 2 ans
- 30 g à partir de 3 ans.

« Pour donner une idée, entre 1 an et 2, l'enfant a simplement besoin d'un quart d'œuf ou d'un quart de steak haché. Lorsque j'en parle aux professionnels de la petite enfance, ils sont surpris et me répondent que lorsque l'on donne un steak entier à un jeune enfant, il le mange... Oui, mais il n'en a pas besoin. La responsabilité des adultes est de veiller aux apports nutritionnels », précise l'experte.

Pour encourager les Français à passer à l'acte, le collectif du « **lundi vert** » propose de se priver de viande et de produits de la mer un jour par semaine, par exemple le lundi. Pour faciliter ce changement, le mouvement propose sur son site des recettes de plats végétariens appétissants et complets. De plus en plus de Français s'engagent sur cette voie puisque la consommation de produits carnés a diminué de 12 % en dix ans, selon une étude du Credoc (Centre de recherche pour l'étude et l'observation des conditions de vie)[9].

Lors des repas carnés, il est également essentiel de **sélectionner méticuleusement la viande** consommée, car tous les élevages n'ont pas le même impact sur l'environnement.

Ainsi, l'élevage paysan, où les animaux vivent à l'extérieur dès que possible, a un faible bilan carbone, notamment parce que l'herbe des prairies pâturées par les animaux capte du carbone sous forme de CO_2. Selon les calculs de Slow Food, l'élevage paysan émet donc 30 % de CO_2 de moins que l'élevage industriel.

---

9 « Les nouvelles générations transforment la consommation de viande », Credoc, septembre 2018.
https://www.credoc.fr/publications/les-nouvelles-generations-transforment-la-consommation-de-viande

Par ailleurs, « de nombreuses terres agricoles (estives, alpages, prairies permanentes) sont valorisées par l'élevage extensif », rappelle la Confédération paysanne, qui milite pour distinguer les systèmes paysans et les systèmes industriels.

Pour trouver de la viande de qualité

- Les marchés de producteurs
- Réseau Bienvenue à la ferme
- Site Okadran.fr

LES LABELS POUR NOUS AIDER À Y VOIR PLUS CLAIR [10]

Une autre solution pour se procurer des aliments sains consiste à se tourner vers les logos connus.

Un label bio est une certification délivrée par un organisme public ou privé. Son objectif est de garantir que le produit est exempt de pesticides et qu'il ne contient pas non plus d'OGM, mais tous les labels n'ont pas le même degré d'exigence. Certaines chartes imposent un pourcentage de produits français, d'autres sont plus pointilleuses sur les conditions de travail des producteurs.

– AB

Le label le plus connu et le seul à être reconnu par l'État est le logo français AB. Créé en 1985, il répond (depuis 2010) aux mêmes exigences que son homologue européen. La charte impose une interdiction des pesticides ainsi que des engrais chimiques de synthèse. Certains produits d'origine naturelle sont compatibles avec la charte, sous certaines conditions. Les OGM sont également proscrits. Concernant les produits transformés, ils doivent contenir 95 % d'ingrédients issus de l'agriculture biologique.

10 Pour plus d'information, voir page 199.

– **Demeter**

Le logo Demeter est plus contraignant dans la mesure où il intègre les préceptes de l'agriculture biodynamique. Il bannit ainsi tous les pesticides chimiques et de synthèse et privilégie en plus les pratiques qui favorisent la biodiversité. Pour être ainsi labellisés, les produits transformés doivent être composés à 90 % d'aliments certifiés Demeter et les 10 % restants doivent être certifiés bio.

– **Nature et Progrès**

La mention Nature et Progrès est également plus exigeante que le logo AB. L'association a été créée en 1964 par des consommateurs, des agriculteurs producteurs et des artisans transformateurs. Elle est la doyenne des certifications pour la promotion de l'agriculture biologique et de la biodynamie en France. Pour décrocher ce logo, les produits doivent avoir été cultivés selon les principes de l'agriculture paysanne et biologique. L'huile de palme est interdite. Les fermes de petite taille, locales et les matériaux locaux ainsi que les énergies renouvelables sont encouragés.

– **Bio Cohérence**

Le logo Bio Cohérence est lui aussi plus exigeant que le logo AB dans la mesure où les produits bio doivent être cultivés, produits et transformés sur le sol français. Ce label a été créé en 2010, en réaction à une diminution des exigences du cahier des charges du label français AB lorsqu'il s'est aligné sur la charte européenne.

– **Ecocert**

Le label Ecocert allie quant à lui les contraintes du logo AB et des valeurs éthiques des productions équitables. En plus de respecter la charte AB, les produits doivent aussi être réalisés de façon équitable.

– **Bio Partenaire** et **Bio Équitable**

Les labels Bio Partenaire et Bio Équitable imposent les mêmes contraintes que le logo AB, mais ils intègrent eux aussi des critères humains en plus, notamment une plus juste rémunération du producteur.

– **Label rouge**

Concernant la viande, l'étiquetage n'oblige pas à fournir d'information sur les modes de production. Pour s'y retrouver, les consommateurs peuvent se tourner vers le Label rouge, mais seulement pour les volailles et le bœuf, car le cahier des charges est peu exigeant pour les porcs.

Une alimentation bio, locale et de saison

DES PRODUITS ISSUS DE L'AGRICULTURE BIOLOGIQUE

Sans surprise, on l'a déjà dit, un geste essentiel pour adopter une alimentation durable consiste à privilégier des produits issus de l'agriculture biologique. Cette agriculture vise en effet à produire des aliments tout en créant un équilibre écologique pour réduire les problèmes de fertilité des sols. Elle n'a pas recours aux engrais ni pesticides de synthèse qui polluent les nappes phréatiques.

Par ailleurs, de nombreuses méthodes utilisées en agriculture biologique (labourage minimum, réintégration des résidus de récoltes dans le sol, utilisation de cultures de couverture, rotations, plus grande intégration de légumineuses fixatrices d'azote) favorisent la rétention de carbone dans le sol. Ainsi, le verger Verner Andersen au Danemark, qui produit quarante-cinq variétés de pommes cultivées en biodynamie sur 5,5 hectares, émet 81 % de CO_2 de moins à quantité égale que des pommes de culture intensive, selon une étude de Slow Food. Autre exemple, la fabrication du beurre bio émet 25 % de CO_2 en moins que celle du beurre conventionnel. Les agriculteurs biologiques sont à la fois gardiens et utilisateurs de la biodiversité à tous les niveaux. Les services à l'environnement rendus par l'agriculture biologique sont d'ailleurs reconnus et subventionnés.

Forte de ces atouts, la consommation régulière d'aliments biologiques progresse dans l'Hexagone, avec près de 71 % des Français qui consomment au moins un produit biologique par mois, selon le baromètre de l'Agence bio publié en janvier 2019[11]. En 2019, le marché des produits alimentaires biologiques représentait 9,3 milliards d'euros, en croissance de 13 % sur un an. Les familles avec de jeunes enfants sont parmi les premiers consommateurs de produits bio. Cette catégorie est, selon l'observatoire, plus attentive que la moyenne des Français à la provenance et à la qualité des produits (à 95 % contre 83 % en moyenne). Elle privilégie également les produits bruts, locaux, de saison, achetés en circuits courts.

DES CIRCUITS COURTS DE PROXIMITÉ

Qu'appelle-t-on un circuit court ?

Un circuit court compte, au maximum, un intermédiaire entre le producteur et le consommateur. Les atouts de ce mode d'approvisionnement sont multiples. Les produits ainsi achetés sont **de saison**, donc plus sains et moins polluants. Par exemple, la production de tomates en hiver (qui, soit dit en passant, n'ont aucun goût !) sous serres chauffées émet jusqu'à dix fois plus de gaz à effet de serre qu'une tomate cultivée sous serre non chauffée en saison (de juin à septembre).

S'approvisionner en circuits courts de proximité permet également de privilégier les produits **locaux**, moyen efficace de réduire la distance qui sépare le consommateur de sa nourriture et de diminuer le bilan carbone de son alimentation – à condition toutefois que les clients optimisent leurs déplacements entre les lieux d'achat et privilégient les mobilités douces.

Par ailleurs, les produits ainsi vendus sont **peu ou pas emballés**. Le producteur n'est pas contraint de jeter des produits aux mensurations imparfaites et le consommateur n'est pas incité à acheter des produits par paquets qu'il ne consomme finalement pas. C'est autant de gaspillage réduit.

---

11 « Baromètre 2018 de consommation et de perception des produits biologiques en France », publié par l'Agence bio en janvier 2019.

En outre, il existe un lien fort entre circuits courts et agriculture biologique : selon l'Agreste, en 2010, parmi les exploitations qui vendaient en circuits courts, 10 % étaient converties au bio contre 2 % pour ceux qui avaient choisi un autre mode de distribution. De plus, les pratiques agricoles de ceux qui ne sont pas labellisés bio sont plus vertueuses en circuits courts que dans les circuits classiques. C'est d'ailleurs cette volonté de **cultiver autrement** qui incite les producteurs à se lancer en circuits courts et qui attire les clients.

Même si une écrasante majorité (90 %) des achats alimentaires se fait encore en grande surface, des solutions émergent partout en France.

- Les **marchés de plein vent**, fortement concurrencés par l'essor des grandes surfaces dans les années 1970, connaissent un regain d'intérêt depuis les années 2000. Des **producteurs** côtoient ainsi des revendeurs et y proposent le fruit de leur labeur. S'adresser directement aux agriculteurs est un bon moyen de consommer des produits de saison, locaux et de tout savoir sur les méthodes utilisées pour les cultiver. Cela permet aussi parfois de payer ses produits moins cher puisqu'il n'y a aucun intermédiaire entre le producteur et le consommateur. Pour repérer les producteurs, soyez attentifs aux stands : en général, les agriculteurs signalent qu'ils sont producteurs, sinon n'hésitez pas à leur poser la question. Certains signes aussi ne trompent pas : un stand qui propose une grande diversité de produits est rarement celui d'un paysan ! Se rendre sur les marchés de producteurs permet d'éviter l'écueil des revendeurs. Le réseau « Bienvenue à la ferme » les recense ainsi que certains offices de tourisme.
- Créées en 2001 en France, les **Amap** (Association pour le maintien d'une agriculture paysanne) se développent à grande vitesse. Ce mode d'approvisionnement a été expérimenté pour la première fois par des mères de famille japonaises, dans les années 1960. Inquiètes des conséquences de l'intensification de l'agriculture sur la santé de leurs enfants, des femmes ont décidé de passer collectivement un contrat auprès d'un agriculteur. Elles s'engageaient à lui acheter l'ensemble de sa production à un prix fixé d'avance, à condition qu'il cultive sans produits chimiques. L'idée a ensuite essaimé en Europe et dans le reste du monde. Aujourd'hui, en France, plus de

350 000 familles s'abonnent pour une durée fixée à l'avance (en général un an) et reçoivent chaque semaine un panier de produits locaux et de saison (principalement des fruits et légumes, mais aussi du miel, du fromage, de la volaille...) dont ils ne choisissent pas la composition, laquelle est avant tout guidée par la saisonnalité des produits. Ce mode d'approvisionnement est bon marché pour le consommateur, qui connaît en outre parfaitement la provenance et la qualité des produits achetés (mais qui, rappelons-le, ne les choisit pas à l'avance). De son côté, l'agriculteur est assuré de ses revenus et de vendre sa production sans mobiliser de temps pour la commercialiser.

- Les **ventes directes à la ferme** ont également le vent en poupe. C'est un bon moyen de se procurer des produits et de connaître les méthodes de production, à condition d'habiter près de fermes qui proposent ces services. « Bienvenue à la ferme » signale les fermes de son réseau qui proposent des ventes sur place.
- Par ailleurs, de plus en plus d'**épiceries paysannes** – qui sont le seul intermédiaire entre consommateurs et producteurs – ouvrent dans les villes, à l'image du réseau « Au bout du champ » qui se déploie en Île-de-France et compte, à l'heure où nous publions cet ouvrage, neuf points de vente. D'autres boutiques comme « La petite cagette » à Paris ou « Les Pissenlits » à Marseille régalent les papilles des urbains. Dans ces lieux, les clients trouvent des produits locaux, de saison, issus du bio ou de l'agriculture raisonnée et ultra-frais.
- Pour les urbains, des **marchés en ligne de produits locaux** se déploient, à l'image du réseau de « La Ruche qui dit oui ». Fondée en 2010, la plateforme numérique, qui propose de récupérer les produits fermiers prépayés en ligne dans des lieux définis appelés « Ruches », compte plus de 800 points de distribution en France. Sur le même principe, des solutions de « drives fermiers » se développent dans toutes les régions, à l'image des drives fermiers de « Bienvenue à la ferme », du réseau Alancienne, Kelbongoo ou d'autres sites.
- Parallèlement, des **sites spécialisés** émergent, comme le site Okadran, une plateforme de vente de viande en ligne. Les produits des éleveurs sont livrés en points relais ou directement à domicile. Il

est possible de contacter les producteurs depuis la plateforme, seul intermédiaire entre producteurs et consommateurs, pour connaître les méthodes d'élevage. Concernant le poisson, le site Poiscaille propose le même type de service pour des poissons de saison et pêchés de manière durable.

Pour faire ses courses en circuits courts

- Bienvenue à la ferme : www.bienvenue-a-la-ferme.com
- Réseau des marchés de pays : www.marches-producteurs.com
- Réseau des Amap : http://www.reseau-amap.org/amap.php
- La Ruche qui dit oui : www.laruchequiditoui.fr
- La Ruche à la maison (ex-Comptoir local et racheté depuis par La Ruche qui dit oui !) https://alamaison.laruchequiditoui.fr/
- Locamiam : www.locamiam.fr
- Alancienne : https://www.alancienne.co/
- Kelbongoo : https://www.kelbongoo.com/
- Drive fermier : https://www.drive-fermier.fr/
- Okadran : www.okadran.fr
- Poiscaille : www.poiscaille.fr

Une alimentation brute, exempte de produits transformés

Autre geste qui compte : celui de consommer une majorité d'aliments bruts, que vous préparerez et cuisinerez vous-mêmes.

LES PREMIÈRES ANNÉES DE LA VIE

Pour les premiers mois de vie d'un nourrisson, le consensus est établi : tous les spécialistes reconnaissent que la meilleure alimentation des nouveau-nés est... l'allaitement : « Un moyen sans égal de fournir une alimentation idéale permettant une croissance et un développement sains du nourrisson. Il fait aussi partie intégrante du processus reproducteur, avec des répercussions importantes sur la santé de la mère », affirme l'organisation mondiale de la santé (OMS), qui préconise un **allaitement exclusif durant les six premiers mois de vie**.

L'organisation recommande ainsi :

– de commencer l'allaitement dès la première heure qui suit la naissance ;
– de s'en tenir à l'allaitement exclusif au sein (le nourrisson ne doit absorber aucune autre boisson, pas même de l'eau) ;
– d'allaiter à la demande, de jour comme de nuit ;
– de ne pas utiliser de biberon, de tétine ni de sucette.

« L'allaitement au sein contribue au bien-être des mères : il aide à espacer les naissances, réduit le risque de cancer de l'ovaire ou du sein, épargne les ressources de la famille et du pays. C'est un moyen sûr et écologique d'alimenter l'enfant », ajoute l'OMS.

L'Agence nationale de sécurité sanitaire de l'alimentation, de l'environnement et du travail (Anses), dans son avis sur les enfants de 0 à 3 ans[12], préconise un début de la **diversification** entre 4 mois révolus et 6 mois, et pas après 6 mois (au début, uniquement pour que le nourrisson se familiarise avec les aliments et non pour l'alimenter à proprement parler).

Une fois la diversification commencée, il faut introduire sans tarder les produits laitiers, l'œuf et l'arachide, des allergènes[13] majeurs. Il faut donc habituer l'enfant tôt, quels que soient les antécédents familiaux.

Puis les parents doivent offrir **un maximum d'aliments variés entre 5 et 18 mois**, fenêtre favorable d'acceptation de nouveaux aliments.

12 « Nutrition des enfants, des personnes âgées et des femmes enceintes ou allaitantes », Anses, juin 2019.
https://www.anses.fr/fr/content/nutrition-des-enfants-des-personnes-%C3%A2g%C3%A9es-et-des-femmes-enceintes-ou-allaitantes-l%E2%80%99anses

13 Pour plus d'information, voir « Allergène », page 196.

Petits pots : gare au sucre !

Pour orienter les parents, les industriels ont créé un logo (un nouveau-né assis et bras ouverts) apposé sur certains petits pots pour bébé ou autres aliments dédiés. Toutefois, méfiance ! L'Anses met les parents en garde contre l'excès de sucre présent dans les produits agroalimentaires. « Les petits pots sont en fait des conserves conçues pour conserver longtemps des aliments : les enfants nourris uniquement avec ces produits ne vont pas explorer les textures des aliments, on les prépare ainsi à la malbouffe », prévient Sandrine Monnery-Patris, chargée de recherches à l'INRA, au sein du Centre des Sciences du Goût et de l'Alimentation.

Il est aussi important d'introduire des « **aliments non lisses** » afin de faire découvrir à l'enfant des textures, duretés et tailles de morceaux. C'est également pour cette raison que **les petits pots sont déconseillés**. « Un excès d'aliments trop lisses freine le développement de la force motrice et peut avoir des effets collatéraux sur l'acquisition du langage », prévient la scientifique Sandrine Monnery-Patris.

Ainsi, certains parents expérimentent la « diversification menée par l'enfant » (**DME**). À partir de 6 mois, quand l'enfant commence à se tenir assis, il est encouragé à se saisir des aliments qui se trouvent sur la table (coupés à la taille du poing de l'enfant, avec des textures ni trop dures ni trop molles) pour mener ses expérimentations culinaires et se familiariser avec la mastication. L'enfant devient ainsi acteur de son alimentation. Là encore, l'objectif est de le préparer au mieux à développer différents goûts.

Plus globalement, mieux vaut éviter les produits transformés. « Par exemple, les **goûters pour les enfants** sont une hérésie, alerte Laurence Traversier, psychonutritionniste et spécialiste de l'alimentation des jeunes enfants. Certains fromages spécialement conçus pour les enfants sont mauvais d'un point de vue nutritionnel et créent de l'hyperactivité chez les plus jeunes, c'est prouvé. Les produits ultratransformés sont une catastrophe sur la santé. Notre corps ne reconnaît pas et ne sait pas assimiler les produits ultratransformés mais malheureusement, il s'adapte. »

LES APPLIS POUR DÉCRYPTER LES ÉTIQUETTES

Pour s'orienter dans la jungle des aliments, des applications nutritionnelles proposent de décrypter les étiquettes. La plus connue, Yuka, affiche une promesse simple : « visualiser les produits qui sont bons, et ceux qu'il vaut mieux éviter ». Pour ce faire, les utilisateurs téléchargent Yuka sur leur téléphone puis scannent les codes-barres des produits de grande consommation. Rapidement, leur composition s'affiche et, à l'aide d'un code couleur (allant du vert au rouge) et d'une note (de 1 à 100), les consommateurs repèrent en un clin d'œil si le produit convoité est sain, s'il contient des agents non désirés, voire toxiques, des additifs, des perturbateurs endocriniens... Le système propose en outre des produits alternatifs, mieux notés.

Créé en 2017, Yuka connaît un succès retentissant avec plus de 10 millions d'utilisateurs, soit plus d'un sixième de la population française ! Dans les magasins, il n'est pas rare de voir des clients les yeux rivés sur leur téléphone avant d'acheter un produit. D'autant que d'autres applications aux objectifs comparables ont envahi nos téléphones, comme Foodvisor, BuyorNot, Etiquettable, ScanUp...

Selon une étude ethnographique menée par le cabinet Unknows en juin 2019, les premiers utilisateurs de ces applications sont les jeunes parents. « Des événements personnels sont les principaux moteurs de changement des routines alimentaires et l'arrivée d'un enfant est le premier facteur », souligne Henri Jeantet, qui a piloté l'étude. Interrogée dans le cadre de cette enquête, Caroline explique son adhésion à Yuka par la naissance de son enfant : « Avant, je mangeais n'importe quoi. Avec mon fils, je fais attention. » L'appli incite les consommateurs à se détourner des produits très transformés. Caroline l'assure : « Depuis que j'utilise Yuka, je n'achète plus de plats cuisinés et vais très peu en grande surface. »

Apprendre de nouveaux gestes

MODIFIER SES HABITUDES : CES JEUNES PARENTS EN TRANSITION

Armés de ces applications et d'une volonté de mieux manger pour leurs enfants et la planète, de plus en plus de parents passent à l'action. C'est le cas d'Adèle, 33 ans, mère de trois enfants, cadre dans le domaine de la santé. « Nous avons décidé de revoir complètement notre mode de consommation. J'ai eu le déclic lorsque j'attendais mon troisième enfant et nous avons progressivement engagé notre transition. Nous ne consommons plus du tout comme avant : nous avons complètement arrêté de nous faire livrer les courses et prenons maintenant le temps de nous rendre en magasin ou au marché avec les enfants. On a aussi supprimé l'huile de palme, le Coca-Cola® et les aliments trop transformés. Nous achetons un maximum de produits bio, en vrac, locaux et de saison. Nous avons moins de nourriture dans le réfrigérateur, au point que nous nous demandons parfois s'il est toujours indispensable d'en avoir un ! Nous faisons aussi beaucoup plus de choses nous-mêmes, à commencer par des gâteaux pour le goûter des enfants qui les apprécient d'autant plus qu'ils font la cuisine avec moi ! On a aussi construit un potager et les enfants adorent y planter tomates, courgettes, choux, haricots et les voir pousser. Nous gaspillons ainsi beaucoup moins d'aliments et nos dépenses alimentaires ne sont pas plus élevées. Ces changements ont été possibles car je n'ai pas encore repris le travail », modère toutefois la jeune mère qui ne sait pas encore si ce nouveau mode de vie sera compatible avec la reprise de son activité professionnelle.

En Vendée, Justine, vétérinaire et jeune mère d'un enfant, a également modifié ses habitudes à la naissance de sa fille. « L'idée a progressivement cheminé dans ma tête. J'ai fait du diabète lorsque j'étais enceinte et j'ai commencé à faire plus attention à ce que je mangeais. Puis, après la naissance de ma fille, nous nous sommes tournés vers des solutions pour nous approvisionner en produits locaux et bio. Par chance, un drive fermier propose des produits du terroir à proximité de chez nous. Nous nous alimentons désormais différemment : nous cuisinons davantage et n'achetons plus de produits transformés. Je fais la plupart des purées de ma fille et je les congèle si besoin. »

Même cheminement pour Coralie, jeune mère d'un petit garçon. « Nous faisions déjà attention à ce que nous mangions avant la naissance de notre fils : nous nous rendions dans les Ruches, les Amap ou les Biocoop, et conservions nos aliments achetés en vrac dans des bocaux. À l'arrivée de notre fils, nous sommes allés plus loin et cuisinons encore plus. Petit à petit, on s'améliore pour supprimer les produits nocifs pour bébé et pour nous. On a encore du chemin à parcourir, mais l'arrivée de notre fils a considérablement fait évoluer notre mentalité ! »

OUVRIR LE RÉPERTOIRE DE L'ENFANT DÈS LE PLUS JEUNE ÂGE

Parce que faire accepter des aliments sains aux plus jeunes relève de notre responsabilité, voici quelques conseils.

Dès les premières années de la vie, le devenir alimentaire de l'enfant se forme. Plutôt que de changer des habitudes alimentaires, ce qui est très difficile, Sandrine Monnery-Patris, auteur de *Bébé gastronome* (Éditions Philippe Duval) recommande d'impulser et d'ouvrir le répertoire alimentaire de l'enfant dès le plus jeune âge.

Dans le ventre de sa mère, un bébé préfère les saveurs sucrées, gage d'apport énergétique élevé. Et les tests le prouvent : un fœtus va davantage inhaler de liquide amniotique lorsque la mère suit un régime sucré plutôt qu'un régime amer. Aussi, naturellement, l'enfant se nourrit plus facilement d'aliments sucrés (sucres lents, sucres rapides) que d'aliments fibreux – en particulier les fruits et les légumes qui ont de l'acidité et surtout de l'amertume. Différentes stratégies permettent de familiariser les enfants aux aliments qu'ils jugent moins appétissants.

- **Introduisez un nouvel aliment, plusieurs fois** – en moyenne entre huit et onze fois – pour familiariser votre enfant à une nouvelle saveur, texture, etc. Ne vous découragez pas après deux ou trois essais infructueux ! Ce mécanisme d'apprentissage répété permet à l'enfant de s'habituer à l'aliment.
- **Montrez, nommez l'aliment et mangez-en vous-même.** Ne forcez pas l'enfant à manger cet aliment si vous ne le faites pas, incitez-le plutôt à le découvrir d'un point de vue sensoriel avant toute expérience gustative. Quelle couleur, quel toucher a-t-il ? Quelle forme ? Etc.

L'exposition répétée de l'aliment et le mimétisme social des adultes sont des méthodes qui encouragent l'enfant à goûter puis à apprécier un nouvel aliment.

L'Anses rappelle que familiariser l'enfant aux aliments *via* la cuisine (faites-le participer à la confection de la recette, emmenez-le au marché, etc.), le jardinage (pourquoi pas un mini potager ?), le toucher et la vue permet aussi de faciliter son rapport à la nouveauté.

Il est d'autant plus important de commencer tôt ce processus d'apprentissage que la plupart des enfants connaissent autour de 2 ans, une période appelée « néophobie », où ils refusent certaines assiettes, même composées d'aliments qu'ils consommaient auparavant, parfois simplement en raison de caractéristiques visuelles.

BANNIR LE GASPILLAGE

Une solution simple et efficace pour réduire l'impact environnemental de son alimentation est de lutter contre le gaspillage alimentaire. Saviez-vous qu'une partie considérable de la production (entre un tiers et la moitié) est jetée sans même avoir été consommée ? Ainsi, si le gaspillage alimentaire était un pays, il serait le troisième plus gros pollueur au monde, juste derrière la Chine et les États-Unis : la nourriture non consommée représente en effet 8 % des émissions de gaz à effet de serre dans le monde, soit sept fois le volume de CO_2 émis par la France, selon le rapport de l'Organisation des Nations unies pour l'alimentation et l'agriculture (FAO)[14]... Réduire ce vaste gâchis est donc un enjeu crucial.

En France, on estime à près de 10 millions de tonnes la quantité de nourriture consommable jetée chaque année, ce qui représente entre 12 et 20 milliards d'euros par an et 159 euros par personne. L'agriculture est responsable d'un tiers de ce gaspillage, tout comme les consommateurs qui gâchent également un tiers de cette vaste quantité de nourriture ; les distributeurs et transformateurs réunis portent la responsabilité du dernier tiers de gaspillage.

Pour enrayer ce fléau et sauver des aliments de la poubelle, de plus en plus d'initiatives émergent.

- Certaines épiceries paysannes, des magasins bio ou encore des grandes surfaces **réhabilitent des fruits et légumes mal calibrés qui auraient dû être jetés**, faute de mensurations parfaites.

14 « Pertes et gaspillages alimentaires dans le monde », rapport de la FAO publié en 2011. http://www.fao.org/3/a-i2697f.pdf

– Des **restaurants et des chefs étoilés** cuisinent également des fruits et légumes comestibles mais destinés à la poubelle.
– Nos smartphones sont aussi un allié dans la lutte contre le gaspillage alimentaire. Des **applications** comme Too Good To Go proposent en effet les invendus des épiceries, boulangeries... à prix cassés. Ces outils créent ainsi un marché de l'alimentation de seconde main : ils permettent à des commerçants d'éviter de jeter des plats et aux consommateurs de s'alimenter à moindre coût. Le principe est simple : à l'approche de la fermeture, des commerces de bouche vendent leurs invendus (qui auraient sinon terminé à la poubelle) à prix cassé, sous forme de panier surprise. De leur côté, les consommateurs sont prévenus *via* l'application de l'heure à laquelle ils doivent se rendre en boutique pour récupérer leur achat.
– Pour éviter le gaspillage alimentaire des consommateurs, d'autres applications aident à imaginer des **recettes avec des aliments en fin de vie** dans les réfrigérateurs. Ainsi, Marmiton propose des recettes à partir des ingrédients dont vous disposez, tout comme Frigo magic ou encore iCuisto.

TESTÉ ET APPROUVÉ : LE TÉMOIGNAGE DE MATHILDE

« Pour ma part, ce n'est pas l'arrivée de mon enfant qui m'a ouvert les yeux, mais une expérience de boycott des supermarchés menée peu avant ma grossesse. Engagée au départ pour les besoins d'un livre [*100 jours sans supermarché, le premier guide des circuits courts,* Flammarion, 2018], cette aventure a été instructive et décisive dans mes choix alimentaires.

En me tournant exclusivement vers des circuits courts de proximité, j'ai appris à me reconnecter à mon alimentation et à me nourrir de *produits de saison.* Il ne s'agit pas seulement d'oublier les tomates et les fraises en hiver, mais aussi les oranges ou les fruits exotiques comme les bananes. Toutefois, pour peu que l'on se renseigne, la diversité des fruits et légumes est bien supérieure à ce que l'on peut imaginer. Par exemple, sur le seul mois de février, nous pouvons consommer trente-quatre variétés de fruits et légumes différents en Île-de-France, ce qui laisse de quoi varier son alimentation.

J'ai aussi dû *apprendre à cuisiner* certains légumes et à cuisiner tout court, car il est impossible de trouver des produits transformés comme des pâtes feuilletées toutes préparées ou des gourmandises sans y laisser son salaire ! J'ai ainsi expérimenté de nouvelles recettes... avec plus ou moins de réussite ! J'ai surtout mangé plus simplement, avec des produits de qualité.

Puis j'ai pris plaisir à apprendre. J'ai rencontré ceux qui nous nourrissent, ils m'ont expliqué leurs méthodes de production, quand et dans quelles circonstances ils récoltent leurs produits et comment ils les transforment. Ils m'ont livré leurs recettes, animés par une passion contagieuse ! Selon un maraîcher rencontré dans un magasin paysan, les circuits courts sonnent "la fin de l'anonymat alimentaire". À l'heure où les scandales alimentaires se multiplient, c'est rassurant de se reconnecter avec nos agriculteurs et notre alimentation. D'autant que les paysans rencontrés m'ont souvent loué les qualités de ce mode de commercialisation. Ils sont nombreux à m'avoir dit que cela les avait sauvés, au prix souvent d'une réorganisation et d'une réduction de la taille de leur ferme.

Par ailleurs, au cours de cette expérience, je me suis rapidement rendu compte des bienfaits d'une alimentation plus saine : *je me suis sentie plus en forme*. Ce n'est pas une lubie puisque les professionnels le clament : plus les fruits et légumes sont consommés tôt après leur récolte, plus leurs apports nutritionnels sont élevés. Pour se maintenir en bonne santé, il est donc préférable de consommer des fruits et légumes récoltés localement et livrés rapidement, comme s'y engagent les paysans en Amap, les marchés de producteurs, les épiceries paysannes ou certaines plateformes numériques spécialisées.

J'ai également rapidement constaté que je produisais beaucoup *moins de déchets* puisque les produits vendus dans les circuits de proximité sont majoritairement des produits bruts, vendus sans emballage.

Enfin, contre toute attente, j'ai compris que mes nouvelles habitudes alimentaires ne me coûtent pas davantage. Les fruits et légumes vendus par ce biais coûtent *moins cher*. Je l'ai constaté lors de mon expérience et mes conclusions ont été corroborées par une vaste étude menée par les Paniers Marseillais, un réseau d'Amap.

En contrepartie de tous ces bienfaits, certes, il faut s'investir davantage, faire plus de choses soi-même, ce qui prend indéniablement du temps.

Mais pour toutes les raisons évoquées, à la naissance de mon fils, nous avons conservé nos bonnes habitudes. Au moment de la diversification alimentaire, nous faisions toutes ses purées maison. De toute façon, il ne nous a pas laissé le choix puisqu'il refusait les petits pots industriels ! Il n'a pas toujours accepté tous les aliments proposés, mais il rechigne rarement à découvrir un nouvel aliment. À la crèche, nous n'avons pas été peu fiers lorsque les assistantes maternelles, très impliquées dans le développement des palais des tout-petits, ont organisé une « fête du goût » à destination des parents. Ces derniers devaient cuisiner un plat en y introduisant un aliment « mystère » que parents et enfants devaient identifier. Nous n'avons pas remporté le concours mais sommes arrivés deuxièmes. Outre un grand moment de satisfaction et de fierté, j'ai été interpellée par la remarque d'une assistante maternelle qui nous a appris que les trois familles en tête du classement étaient les parents des enfants les plus gourmets… Définitivement, l'intérêt pour la cuisine et la gastronomie se transmet dès le plus jeune âge ! »

En résumé

- **Pour diminuer les risques de cancer pour leur descendance, réduire leur exposition aux perturbateurs endocriniens et préparer au mieux l'avenir gastronomique de leur enfant, les femmes enceintes doivent particulièrement adopter un régime sain, diversifié, peu gras et basé sur des produits issus de l'agriculture biologique.**
- **Consommer une grande quantité d'aliments bio est un moyen de se protéger contre les risques de cancer et d'obésité et de préserver l'environnement.**
- **Manger moins de viande et de la viande de qualité le reste du temps est un bon moyen de préserver sa santé et la planète.**
- **Se fier aux labels reconnus.**
- **Pour s'y retrouver, acheter en circuits courts de proximité.**
- **Privilégier les plats faits maison et les protéines végétales pour les plus petits.**
- **Commencer tôt la diversification alimentaire et l'introduction de morceaux pour assurer aux enfants un meilleur avenir gastronomique.**
- **Pour l'environnement et le portefeuille, la lutte contre le gaspillage doit devenir une priorité.**
- **S'outiller d'applications pour moins gaspiller.**
- **Ces habitudes alimentaires ne coûtent pas plus cher mais prennent plus de temps.**

Mois 3

(9e mois de grossesse)

L'ÉQUIPEMENT, ÉVITER LES PIÈGES

1

Nos habitations, sources de pollutions méconnues

La naissance de votre enfant se profile dans quelques semaines tout au plus. Il est temps de vous équiper pour l'accueillir et les sollicitations ne manquent pas ! Des promotions monstres sur tel site, des offres incroyables sur tel autre... Comment s'y retrouver et choisir au mieux ce qui sera vraiment utile ?

Au-delà de dépenses futiles excessives, l'achat d'objets superflus a des conséquences dévastatrices sur la planète mais aussi potentiellement sur la santé de votre enfant. Comment éviter les pièges ?

La tâche n'est pas aisée car les industriels ont flairé le bon filon : les parents qui préparent la naissance de leur bébé veulent l'accueillir dans les meilleures conditions. La situation est rêvée pour vous faire dépenser toujours plus dans des achats dont l'utilité est toute relative : ici, une poubelle à couches électronique, là un détecteur d'urine connecté dans les couches ou encore un doseur de biberon automatique... L'imagination des concepteurs marketing est sans limite !

Il faut dire que le montant moyen consacré à l'équipement de puériculture pour le premier enfant est de plus de 1 500 euros, selon les données 2017 du portail Statista. Pour les enfants suivants, la note est moins salée, avec (tout de même !) 1 040 euros dépensés en moyenne. Le marché total est estimé à 1 milliard d'euros, selon la FJP (Fédération française des industries jouet-puériculture). Une coquette somme qui attise les appétits des industriels aux arguments bien affûtés. Mais le bon sens des parents bien informés permet de ne pas tomber dans les pièges de la surconsommation. Car en plus d'encombrer les placards et de ruiner les familles, certains achats superflus sont potentiellement nocifs pour la santé du bébé.

Des produits nocifs pour la santé

Les équipements de puériculture peuvent en effet dégager d'importantes émissions de molécules nocives – entre autres les composés organiques volatils (COV)[1].

Ces substances sont présentes en grand nombre dans l'air pollué des villes, mais également concentrées dans l'air intérieur des habitations. Or nous passons le plus clair de notre temps dans nos logements, en particulier avant et après l'arrivée d'un nouveau-né. Pourtant, « l'air que l'on y respire peut être de moins bonne qualité que l'air extérieur, parfois très nettement car à l'air extérieur viennent s'ajouter les polluants spécifiques de l'air intérieur », alerte l'agence de l'environnement et de la maîtrise de l'énergie (Ademe)[2], comme les émanations des COV donc, mais aussi des produits d'entretien, des animaux domestiques, l'humidité, le monoxyde de carbone des appareils de chauffage, le plomb dans les peintures, les phtalates dans le plastique, la fumée de tabac, la poussière ou les particules fines.

LES COV

Les COV sont particulièrement pointés du doigt. Cet acronyme barbare regroupe plusieurs milliers de composés chimiques différents, comme des hydrocarbures aromatiques – dont le benzène[3], le toluène, l'éthylbenzène et autres hydrocarbures – ou des solvants comme le très fréquent formaldéhyde[4]. Leurs caractéristiques sont très variables.

---

1 Pour plus d'information, voir page 196.
2 « Un air sain chez soi », Ademe, septembre 2018. https://www.ademe.fr/sites/default/files/assets/documents/guide-pratique-un-air-sain-chez-soi.pdf
3 Pour plus d'information, voir page 197.
4 Pour plus d'information, voir page 197.

Ces « nouveaux » polluants, comme on les nomme, se trouvent dans les carburants mais aussi dans de nombreux produits courants comme les peintures, les meubles, les encres, les colles, les détachants, les cosmétiques, les solvants, etc. Destinés à des usages ménagers, professionnels ou industriels, ils servent de solvant, de dégraissant, de dissolvant, d'agent de nettoyage, de disperseur, de conservateur, d'agent de synthèse…

Depuis quelque temps, les industriels sont incités à restreindre l'utilisation de ces composés chimiques. Pour y parvenir, de nombreux spécialistes militent pour un étiquetage obligatoire de la quantité de COV contenue dans un produit, comme cela a été fait pour les produits de construction et de décoration. « Même si la réglementation concernant le bâtiment a ses limites, elle a eu des effets positifs. Car, dans le but d'afficher les meilleures notes sur leurs étiquettes, les fabricants ont revu leurs procédés. On aimerait une loi similaire avec le mobilier », avance Fabien Squinazi, membre du comité scientifique de l'Observatoire de la qualité de l'air intérieur. « Les COV sont une grande famille de substances très variées. Il est important de connaître la quantité de COV contenue dans un produit, mais il faut aussi être en mesure d'identifier certains composés particulièrement nocifs pour la santé, comme le formaldéhyde », ajoute l'ancien biologiste des hôpitaux. De fait, les COV sont sources de troubles sur la santé :

- Lorsqu'ils sont inhalés par une femme enceinte, ils peuvent **nuire au bon développement du fœtus** en entraînant, par exemple, des malformations et des troubles du développement. Chez le jeune enfant, ils peuvent provoquer des troubles du comportement et de la reproduction ou des maladies respiratoires.
- À forte dose, ils peuvent être à l'origine d'**intoxications aiguës** qui se manifestent par des irritations de la peau, du nez, de la gorge et des yeux. Le système nerveux central peut également être affecté, ce qui engendre des vertiges, des maux de tête et des nausées. Ces intoxications sont généralement temporaires mais elles peuvent être mortelles : de rares cas ont été recensés.
- Ces substances chimiques sont potentiellement **cancérogènes**. Le benzène est classé par le Centre international de recherche sur le cancer (CIRC) comme cancérogène avéré pour l'homme (groupe 1) sur la base de leucémies observées dans des études épidémiologiques

et animales. Ce risque est même accru pour les enfants, selon une étude de l'Inserm[5]. De même, l'inhalation de formaldéhyde augmente significativement les risques de cancer du nasopharynx.

Pour l'heure, aucune indication ou étiquette lisible ne permet de détecter leur présence et, sans obligation, les fabricants se gardent bien de signaler s'ils entrent ou non dans la composition d'un produit. Or ces agents nocifs sont partout et notamment dans certains meubles installés dans les chambres d'enfant, en raison principalement des **colles et des panneaux de particules** utilisés pour leur fabrication. De plus, les **retardateurs de flammes** incorporés dans certains meubles rembourrés émettent potentiellement des COV. La quantité de polluants dégagée varie en fonction des matières des meubles (bois massif, panneaux de particules, tissus, plastiques, mousses de rembourrage, métal...). Et les matériaux dits « naturels » ne sont pas à l'abri de les diffuser.

Pour évaluer cette pollution et appuyer la mise en place d'un étiquetage obligatoire, l'Agence nationale de sécurité sanitaire de l'alimentation, de l'environnement et du travail (Anses) a passé au crible l'ensemble des biens présents dans les logements. Après avoir eu beaucoup de difficultés à obtenir des données de la part des industriels, elle recense pas moins de 661 substances différentes potentiellement émises par des meubles[6]. Parmi elles, « 41 substances ont été identifiées comme substances d'intérêt, dont 31 prioritaires », c'est-à-dire classées cancérogènes, mutagènes ou toxiques pour la reproduction (CMR). L'agence recommande d'interdire prioritairement ces substances dans l'objectif d'éviter la mise sur le marché de tout produit d'ameublement pouvant induire une exposition à ces polluants, quelle qu'en soit la concentration. En attendant une telle réglementation, les parents sont appelés à être vigilants au moment de réaliser leurs achats de meubles. « Certaines de ces substances peuvent entraîner des désordres, en particulier chez les tout-petits, puisque ces substances volatiles sont inhalées, passent dans le sang puis dans les poumons. L'enfant peut être gêné et développer

---

5 « Étude des leucémies de l'enfant à proximité des routes à fort trafic », étude dirigée par Denis Hémon de l'Inserm et publiée en septembre 2015. https://presse.inserm.fr/etude-des-leucemies-de-lenfant-a-proximite-des-routes-a-fort-trafic/20616/

6 « Expertise en appui à l'étiquetage des produits d'ameublement », Anses, juin 2015. https://www.anses.fr/fr/system/files/AIR2013sa0040Ra.pdf

des maladies respiratoires, de l'asthme, des irritations... », prévient le docteur Fabien Squinazi.

LES PERTURBATEURS ENDOCRINIENS[7]

Les perturbateurs endocriniens sont une autre grande préoccupation des jeunes parents. Ces substances chimiques, qui provoquent des désordres hormonaux, « sont responsables de toutes les grandes maladies chroniques et de troubles de la fertilité. En cinquante ans, un homme en âge de procréer a perdu un spermatozoïde sur deux. Il est plus difficile de quantifier ces troubles chez les femmes, mais la hausse des recours à la PMA témoigne de cette baisse de la fertilité, même si d'autres facteurs entrent en jeu », alerte André Cicolella, président et fondateur de l'association Réseau Environnement Santé, à l'origine de l'interdiction du bisphénol A dans la fabrication des biberons. « Ce n'est que la partie émergée de l'iceberg, ajoute le scientifique. Les perturbateurs endocriniens sont également à l'origine de maladies chroniques, comme l'asthme, des troubles du langage, des cancers du sein ou de la prostate, l'obésité... Ils sont une menace mondiale à laquelle il faut apporter une solution », martèle le lanceur d'alerte, qui insiste sur leurs effets nocifs pendant la grossesse et chez les tout jeunes enfants. Le toxicologue rappelle que les mille premiers jours de l'enfant – de sa conception à ses premiers mois – sont décisifs. Autrement dit, l'exposition *in utero* aux perturbateurs endocriniens peut être, des années plus tard, à l'origine de maladies comme un cancer de la prostate ou du sein, de maladies respiratoires... Or nous cohabitons partout avec ces substances comme les phtalates libérés par le plastique, les sols en PVC ou stratifiés, certains jouets... « Il faut agir », affirme celui qui milite pour créer des « territoires sans perturbateurs endocriniens ».

L'air de nos intérieurs souvent bien plus pollué que l'air extérieur

Aérer son logement le matin et le soir permet de chasser les perturbateurs endocriniens. Un quart d'heure peut être suffisant. Ce geste n'enlève pas les risques, mais il les réduit.

---

7 Pour plus d'information, voir page 195.

Tout dépend aussi des températures : lorsqu'il fait chaud, il est préférable d'aérer davantage.

Lors de **certaines activités** réalisées dans la maison, comme le bricolage, le ménage, la cuisine, le lavage du linge, il est également recommandé d'aérer son intérieur pour évacuer les substances chimiques et les vapeurs d'eau.

Pour les mêmes raisons, les **ventilations mécaniques contrôlées (VMC)** doivent être vérifiées et nettoyées régulièrement pour garantir leur bon fonctionnement (et entretenues par un spécialiste tous les trois ans). Pour s'en assurer, l'Ademe recommande de placer une feuille de papier toilette devant la bouche d'extraction d'air, cette dernière doit être attirée vers la bouche.

Les **purificateurs d'air** peuvent aussi être un moyen de dépolluer son intérieur, à condition de les utiliser dans de bonnes conditions. « Ils sont efficaces si on a très peu de pollution chez soi, donc si l'on aère régulièrement et si les meubles neufs ont été déballés depuis longtemps car, en détruisant certains polluants, certains purificateurs d'air peuvent en créer d'autres, encore plus nocifs. Il faut donc prendre ses précautions avant de se doter de cet outil et privilégier ceux équipés de systèmes de filtration », précise le Dr Fabien Squinazi[8].

Un suréquipement néfaste pour la planète

En plus d'être potentiellement nocif pour la santé, le suréquipement a des répercussions sur l'environnement. De fait, la fabrication de nouveaux objets mobilise l'utilisation d'importantes quantités de ressources naturelles. Or nous en avons rarement conscience au moment de nos achats. Pour aider les consommateurs à y voir plus clair, l'Ademe a calculé la pollution générée par les produits utilisés quotidiennement.

« Aujourd'hui, nous connaissons le **bilan carbone** des transports ou même de l'alimentation, mais il y avait un angle mort sur la question de la **fabrication de nos objets du quotidien**. Nous avons donc mené une étude pour lever le voile sur cette question et connaître la

8 Pour plus d'information, « Un air sain chez soi », Ademe, septembre 2018. https://www.ademe.fr/sites/default/files/assets/documents/guide-pratique-un-air-sain-chez-soi.pdf

quantité d'émissions de gaz à effet de serre produites par la conception des objets que nous utilisons tous les jours, de la phase d'extraction des matières premières à celle des transports en passant par la conception », explique Pierre Galio, chef du service consommation à l'Ademe. Selon l'étude intitulée « La Face cachée des objets[9] », un quart des émissions de CO_2 des Français est issu de la consommation des produits utilisés couramment. Pour obtenir ce résultat, l'agence a passé quarante-cinq catégories de biens à la loupe : « L'ensemble des équipements, meubles et électroménagers présents dans la maison pèse en moyenne 2,5 tonnes. Pour fabriquer ces 2,5 tonnes d'équipements, il a fallu mobiliser 45 tonnes de matières premières et le CO_2 émis pendant tout le cycle de fabrication est de 6 tonnes », souligne l'Ademe. Autre enseignement de l'étude : hormis les équipements de la cuisine, et contrairement à ce que l'on pourrait penser, l'usage de la plupart des objets utilisés au quotidien est moins néfaste à l'environnement que leur fabrication, indique Pierre Galio. Il cite « l'exemple d'une télévision dont la fabrication a occasionné l'émission de 350 kg de CO_2 alors que son utilisation tout au long de sa durée de vie générera l'émission de 60 kg de CO_2. » Ces constats sont encore plus frappants dans le cas des équipements de puériculture, dans la mesure où ils sont utilisés sur une courte période.

Les consommateurs n'ont pas non plus conscience du **poids des matériaux** utilisés pour la fabrication de leurs objets. Par exemple, une machine à laver est composée, entre autres, de 37 kg d'acier, 18 kg de béton, 13 kg de plastique, 2,7 kg d'aluminium et 1,4 kg de cuivre. Pour recueillir cette modeste quantité de cuivre, il a fallu déplacer 11,2 tonnes de roches pour l'extraire ! De même pour l'acier, dont l'obtention nécessite le déplacement d'importantes quantités de roches. Ainsi, un simple four à micro-ondes de 13 kg « pèse » en réalité plus de 2 tonnes de matières premières, et la production de chaussures en tissu requiert trente-huit fois plus de ressources que leur poids final.

La pollution générée par tous ces objets est d'autant plus importante que les Français sous-estiment le nombre d'objets qu'ils détiennent. « Les Français pensent posséder en moyenne trente-quatre équipements

9 « La face cachée des objets : vers une consommation responsable », Ademe, septembre 2018. https://presse.ademe.fr/wp-content/uploads/2018/09/DP-Face-cache%CC%81e-des-biens-de%CC%81quipement-Septembre-2018.pdf

électriques et électroniques par foyer ; ils en possèdent en réalité quatre-vingt-dix-neuf en moyenne... et six d'entre eux ne sont pas utilisés », souligne l'agence. D'autant que, sans s'en rendre compte, ils consomment un peu plus d'objets chaque année depuis cinquante ans, selon l'Insee.

2

Passer à l'acte : ne pas tomber dans la surconsommation

Limiter ses achats

L'Ademe encourage donc les Français à moins consommer et à mieux orienter leurs achats, en les incitant à éviter de se suréquiper, à se tourner vers des biens plus durables, à éviter les équipements surdimensionnés (écrans de télévision et portables), à prendre soin de leurs objets pour les faire durer et à les revendre s'ils ne les utilisent plus. « Il faut privilégier l'usage des objets à leur accumulation, se poser la question de nos besoins avant d'acheter de nouveaux produits, se tourner vers des objets d'occasion ou la location quand c'est possible », souligne Pierre Galio.

L'agence souhaite également inciter les fabricants à davantage « écoconcevoir » leurs produits, à l'image de Seb qui développe la « réparabilité » de ses produits ou de la Camif qui privilégie les biens fabriqués en France. « Mais rares sont les grands constructeurs à être implantés en France », déplore Pierre Galio.

Les recommandations des spécialistes de la petite enfance vont dans le même sens. « Une surcharge d'objets dans une chambre provoque une trop forte stimulation de l'enfant. De plus, ces trop nombreux produits sont des nids à poussière, COV, bactéries... », alerte le docteur Fabien Squinazi.

Pour des raisons écologiques et sanitaires, les futurs parents sont donc encouragés à limiter leurs achats et à se cantonner aux indispensables :

- Un **lit** pour coucher son bébé avec un **matelas** adapté. Inutile (voire dangereux) d'ajouter un deuxième matelas et encore moins un tour de lit ainsi que des coussins ou une couette. Une simple **gigoteuse** suffit.
- Une **poussette** ou un porte-bébé pour sortir avec son nouveau-né.
- Un **siège auto** pour les déplacements en voiture.
- Un simple **matelas à langer** – sachant qu'un meuble haut ou un lit peuvent se substituer à une table à langer.
- Un endroit pour baigner son bébé : une **petite baignoire** peut être utile – même si au début les bébés peuvent être lavés dans un évier.
- Des **biberons** (en verre de préférence), si le nouveau-né est nourri au lait artificiel.
- Des **vêtements** en quantité raisonnable (le thème sera spécifiquement traité dans un prochain chapitre).
- Quelques **jouets**. Il est préférable de rester minimaliste : un hochet suffit dans un premier temps. Évitez la surstimulation visuelle avec trop de jouets et des jouets inadaptés. Les bébés ne s'ennuient pas : au fil des semaines, leur vision s'affine et tout les intéresse. Ils requièrent l'attention de leurs parents plutôt qu'une multitude de jouets inutiles. Au bout d'un mois, le nourrisson peut être installé sur un **tapis d'éveil simple**, sans arceau qui capte inutilement son attention, ou un petit tapis dans le salon, sous la surveillance des parents. Inutile d'investir dans un transat qui bloque le bébé, laissez-le expérimenter une motricité libre pour qu'il s'éveille à son rythme.

La sécurité et le confort avant tout

Ce sont les deux critères, pour votre bébé mais aussi pour vous, qui doivent guider vos achats. Gare au suréquipement superflu !

Bien choisir son matériel

Une fois établie la liste (restreinte) des objets à se procurer, comment choisir parmi les milliers de produits proposés en magasins et sur la Toile ?

Plusieurs critères, autres que la sécurité et le confort, sont à privilégier.

- **Pour éliminer un maximum de COV** qui se trouvent dans les revêtements (peinture, vernis, colle…), il est conseillé d'acheter du mobilier en bois massif et si possible monté sans collage, pour éviter le formaldéhyde, souvent présent dans la colle. Éviter tout ce qui est collé et notamment le bois contreplaqué.
- **Pour éviter les perturbateurs endocriniens**, il est également recommandé de bannir au maximum les plastiques dans les meubles, les jouets, les revêtements… À l'inverse, les meubles en métal présentent des avantages. De fait, ces meubles fabriqués avec de l'acier ou du fer et recouverts d'une finition décorative à base de peinture époxy émettent très peu de COV. Certains lits pour bébé sont conçus à base de tubes de métal. Dans le commerce, on trouve également des meubles de rangement ou des tables à langer en métal.
- Concernant le matelas, les spécialistes recommandent de se procurer **un matelas sans retardateurs de flamme**. Ces substances, comme leur nom l'indique, ont pour but de diminuer l'inflammation. Toutefois, dans un rapport[10], l'Anses souligne que ces molécules présentent des risques pour la santé et l'environnement, mais pas de bénéfices démontrés dans la prévention des incendies. Des tests menés sur des animaux ont établi que certains de ces composés sont à la fois cancérogènes mais également de potentiels perturbateurs endocriniens et toxiques pour la reproduction ou neurotoxiques. « Ces effets ont été mis en évidence chez l'animal, et plusieurs études chez la femme enceinte ont montré un lien entre l'exposition aux PBDE [certains types de retardateurs de flamme] et une perturbation de certaines hormones thyroïdiennes », avance le rapport de l'Anses. Les experts constatent également des effets neurotoxiques, « des anomalies comportementales et cognitives se produisant chez l'animal à la suite d'une exposition prénatale et/ou postnatale à certains PBDE ».

---

10 « Évaluation des risques liés à l'exposition aux retardateurs de flamme dans les meubles rembourrés », Anses, septembre 2015. https://www.anses.fr/fr/system/files/CONSO2011sa0132Ra-02.pdf

Plus globalement, il faut être vigilant sur la composition des mousses synthétiques des objets achetés, car elles peuvent également contenir ces fameux retardateurs de flamme.

Mieux vaut donc privilégier les matières naturelles comme le bambou, les fibres de coco, le latex naturel. Les matelas en tencel, fibre produite à partir de fibres de bois, peuvent aussi être une option sans danger pour la santé de bébé. Le label Oëko-Tex peut orienter le choix des parents. En effet, cette certification garantit que les fibres et tissus sont exempts de produits toxiques.

TRAQUER LES LOGOS RECONNUS

Pour mieux s'orienter dans la jungle des produits pour bébé, les parents peuvent traquer les labels officiels. Ainsi, la filière française du meuble conseille aux consommateurs d'acheter des meubles arborant les marques **« NF ameublement**[11] **» et « NF environnement »**. L'industrie française est en effet vigilante et privilégie des colles et des produits de finition à base d'eau ; elle n'utilise pas de phtalates, ni de retardateurs de flamme nocifs.

« Nous avons acheté tous les meubles de la chambre de nos enfants de fabrication française et avons privilégié les produits les plus naturels possible », indique Soline, mère de trois enfants. Elle reconnaît que les meubles choisis sont un peu plus chers, mais elle a pris soin de les acheter pendant les soldes, pour avoir un prix abordable.

Même démarche pour Gloria : « J'essaie de privilégier le *made in* France et de limiter la consommation de produits étrangers quand c'est possible pour me concentrer sur des choses produites ici, qui engagent des gens ici. Ce n'est pas toujours faisable mais pour la chambre des enfants, on pouvait se le permettre, indique cette mère de jumeaux. Pour deux lits évolutifs avec matelas, une grande table à langer (sur laquelle on peut installer deux ou trois coussins à langer et qui est dotée de deux portes et d'une armoire) et une garde-robe deux-portes, nous avons dépensé autour de 1 050 euros, livraison comprise. »

11 Pour plus d'information, voir page 202.

Les experts[12] conseillent également de se fier au label **l'Ange bleu**[13] pour se procurer des biens sains et respectueux de l'environnement. « Cet écolabel allemand mesure la quantité de COV contenue dans un produit et ses émissions. Les parents peuvent également se tourner vers l'écolabel européen », précise le docteur Fabien Squinazi.

Des produits certifiés

Certains sites Internet et marques proposent des produits certifiés comme Mathy By Bols, Sauthon, Le Bois d'Antan, Autour de Bébé, Combelle, Aubert, Théo bébé...

PRIVILÉGIER L'OCCASION ET LE TROC

Avoir recours à du mobilier d'occasion pour limiter les COV est une solution efficace. En effet, un meuble qui a déjà quelques années a eu le temps d'évacuer une grande partie de ses composés volatils toxiques. Cette solution est de plus en plus plébiscitée par les parents : plus de 80 % des jeunes parents ont acheté du matériel d'occasion en 2016, selon l'Institut des mamans.

Plusieurs pistes sont possibles :

- Les sites spécialisés comme Le Bon Coin ou Vinted, ou encore les réseaux sociaux comme la marketplace de Facebook.
- Les brocantes et vide-greniers, qui ont toujours la cote pour se procurer des articles de puériculture de seconde main.
- Le site collaboratif consoGlobe, pour échanger du matériel de puériculture (siège auto, lit pour bébé, parc, poussette, vêtements...).

Louise, mère de deux jeunes enfants, s'est procuré tous ses meubles sur Le Bon Coin. « J'ai donné une seconde vie à certains grâce à un simple coup de peinture blanche écologique. »

De son côté, Agnès, mère de jumeaux a fait très attention : « Nous avons acheté de la peinture bio (chez un spécialiste de peinture sans

12 « Expertise en appui à l'étiquetage des produits d'ameublement », Anses, juin 2015. https://www.anses.fr/fr/system/files/AIR2013sa0040Ra.pdf

13 Pour plus d'information, voir page 202.

solvants) pour repeindre les murs et le plafond de la chambre des petits, un matelas bio Kadolis, des lits en bois bio Schardt, une commode en bois brut et une armoire recyclée chinée pour éviter les COV contenus dans les produits neufs. »

Les limites de l'occasion

Il est recommandé de ne pas acheter de jouets d'occasion en plastique, car ils ont peut-être été conçus avant l'adoption des dernières normes qui limitent la présence de perturbateurs endocriniens notamment. De même, les professionnels déconseillent de se procurer des matelas de seconde main, pour des questions d'hygiène.

Louer son matériel

De plus en plus de sociétés proposent la **location de matériel de puériculture**.

Initialement, cette solution s'adressait aux parents qui voyagent avec leurs enfants en train ou en avion pour les alléger au maximum en louant le matériel sur place. Devant le succès et les demandes, certains professionnels proposent désormais des locations de longue durée. Pour des landaus, des cosys, des sièges auto naissance, des transats ou le matériel utilisé seulement quelques mois, cette solution est en effet particulièrement pertinente.

Plusieurs acteurs se sont lancés sur le marché. Ainsi, louetapoussette.com propose la location de poussettes, sièges auto et autre matériel de puériculture aux Parisiens. Babytem's offre des services similaires, tout comme la plateforme Le coin des mômes.

Certaines entreprises offrent également la possibilité de **racheter le matériel loué**. Ce fut le choix d'Élodie à la naissance de ses jumelles : « Nous ne savions pas quelle poussette serait la plus adaptée à nos besoins. Nous avons donc commencé par louer une poussette sur louetapoussette.com, puis nous avons été séduits par le modèle et l'avons finalement rachetée au loueur ! Nous l'avons utilisée jusqu'aux 3 ans de nos filles puis revendue à d'autres parents de jumeaux *via* Vinted. »

Certains parents proposent également de louer leur matériel. Ainsi, Mybabyloc ou Babyhop sont des plateformes communautaires de

location de matériel de puériculture entre particuliers. Elles mettent en relation des propriétaires de matériel pour enfant avec des personnes qui souhaitent louer ces biens. La location peut être de courte ou de longue durée. « Nous sommes le Airbnb du matériel de puériculture[14] ! », affirme la créatrice du site Mybabyloc.

Louer son matériel de puériculture permet d'optimiser l'usage de ces biens souvent jetés alors qu'ils pourraient encore servir. En outre, cette solution encourage les parents à poursuivre leurs déplacements en train. De fait, ils ne sont pas contraints de voyager armés de tout un attirail lourd et encombrant et peuvent le louer sur place auprès d'autres parents. Ils peuvent ainsi se passer d'une voiture au bilan carbone élevé.

Vous avez déjà tout acheté ?

Pas de panique ! La bonne nouvelle, c'est que des solutions existent.

- Aérez le mobilier, à l'extérieur ou dans un lieu qui restera inoccupé pendant un mois. Les émissions de COV sont ensuite très faibles. Puis aérez quotidiennement la chambre de votre futur enfant.
- Aérez le matelas plusieurs jours après l'avoir sorti de son emballage, en raison aussi des traitements pour lutter contre les acariens ou l'humidité.
- Il est encore temps de faire le tri dans les objets qui vous paraissent inutiles. Profitez-en pour passer en revue tout le matériel selon les indications que nous avons données.

TESTÉ ET APPROUVÉ PAR MATHILDE : L'ÉCHANGE ENTRE AMIS, UNE SOLUTION RASSURANTE ET ÉCONOMIQUE

« Il n'est pas rare qu'à la naissance de son premier enfant, on ait autour de soi plusieurs amis qui ont déjà pouponné et disposent de tout le matériel nécessaire pour les premiers mois de vie avec un nourrisson… Une aubaine ! Récupérer berceau, vêtements, transat, siège auto, tapis d'éveil, nécessaire pour le bain…, outre le gain de temps considérable de ne pas avoir à arpenter les rayons des magasins en quête de la perle pour son bébé, c'est un système D rassurant et économique.

---

14 « Pourquoi acheter une poussette neuve lorsqu'on peut louer celle de ses voisins ? », L'Info Durable. https://www.linfodurable.fr/conso/pourquoi-acheter-une-poussette-neuve-lorsque-lon-peut-louer-celle-de-ses-voisins-11504

De fait, les conseils des responsables de magasins de puériculture sont tout sauf désintéressés, entre les vendeurs qui vous encouragent à acheter un babyphone alors que vous vivez dans un appartement de 60 m² et ceux qui tentent de vous convaincre d'acquérir un siège auto alors que vous ne possédez pas de voiture ! Mieux vaut donc écouter les conseils de ses proches. Ceux de ses parents, bien sûr, tout en sachant que, d'une génération à l'autre, les recommandations pédiatriques tout comme le matériel évoluent et que la mémoire est faillible plus de trente ans après ! La famille et les amis qui viennent de donner naissance sont alors précieux, d'autant plus s'ils vous prêtent un matériel éprouvé. Cette solution a aussi l'avantage d'être très économique. Rien ne vous interdit d'investir dans quelques pièces pour ne pas bouder votre plaisir d'acquérir du matériel parfaitement adapté à vos besoins et à la configuration de votre logement ! »

En résumé

- **Certains meubles et équipements de puériculture achetés neufs peuvent avoir des effets nocifs sur la santé.**
- **Préférer les meubles en bois massif et brut, ou traités avec des produits sans composés organiques volatils (COV) ou des objets en métal.**
- **Se fier aux labels reconnus comme le NF, l'Ange bleu ou l'écolabel européen.**
- **Le suréquipement est nuisible à l'environnement et à l'enfant qui est inutilement surstimulé lorsqu'il est entouré d'une profusion d'objets. Les professionnels de la petite enfance sont unanimes : restons minimalistes !**
- **Acheter des meubles d'occasion : la majorité des composés organiques volatils ainsi que les perturbateurs endocriniens s'en sont déjà échappés.**
- **Louer son matériel ou l'emprunter à ses proches.**
- **Aérer son intérieur chaque jour, matin et soir, au moins pendant 15 minutes. Vérifier les VMC.**

Mois 4

(1er mois)

LES COUCHES, DES JETABLES AUX LAVABLES

①

Les couches jetables, une bombe écologique et sanitaire

Le bonheur de la rencontre avec son bébé accompagne la maladresse des premiers gestes. À la maternité, les parents apprennent à prodiguer les premiers soins et notamment à mettre des couches à ce petit être qui enchaîne les tétées ou les biberons. Pour le confort de l'enfant et des parents, rien n'est aussi indispensable que le lange. Mais si la couche jetable s'est imposée dans le monde entier, elle est aujourd'hui décriée. Des rapports alarmants sur sa composition ont semé le trouble dans l'univers très feutré de la couche-culotte. L'alliée des jeunes parents est tombé de son piédestal.

Pour éviter les risques sanitaires et environnementaux relevés par différentes enquêtes, de plus en plus de professionnels et de parents cherchent des alternatives, et des solutions émergent.

Les dessous des couches jetables

Si les couches jetables se sont imposées dans les maternités, auprès des professionnels de la petite enfance et dans les foyers des jeunes parents au point de devenir incontournables ou presque, elles n'ont pas toujours existé.

Avant les années 1970, en France, les bébés étaient langés avec des carrés de coton fermés au moyen d'épingles de nourrice. Les fesses des bébés étaient souvent mouillées et les fuites étaient légion. Quant à la corvée de nettoyage : les mères (et quelques rares pères !) devaient faire tremper les couches souillées, les laver, les faire sécher et... recommencer le lendemain ! Puis elles devaient plier, replier et faire preuve de dextérité au moment d'installer les langes pour ne pas piquer les bébés avec les épingles à nourrice.

Dans ce contexte, l'invention des couches à usage unique a indéniablement facilité la vie des jeunes parents. Ils doivent ce changement de vie à une femme restée inconnue, l'Écossaise Valerie Hunter Gordon. En 1947, cette dernière attend son troisième enfant et la perspective de devoir laver quantité de linge souillé par son dernier-né la pousse à réfléchir à une alternative. Après avoir cherché en vain des langes jetables, elle décide de s'atteler à la tâche. Elle imagine alors un système avec une culotte en plastique rembourrée de matière jetable. Une idée simplissime, confie-t-elle en 2015 à la BBC, mais que personne n'avait encore concrétisée. Cette femme d'officier se sert ensuite de son fils comme cobaye pour perfectionner son ingénieux système, à base de cellulose pour le rembourrage et de toile de parachute pour la culotte (au lendemain de la guerre, cette matière se trouvait à profusion). La culotte se conserve et se lave, mais le rembourrage intérieur se jette. L'entourage de la jeune mère de famille s'arrache cette innovation nommée Paddi. Le succès est tel que le mari est mis à contribution, puis dépose un brevet en 1948. La fabrication de la couche s'automatise en partie dès 1949.

Cette invention suscite à la fois intérêt et méfiance, d'autant plus après la guerre, où la population a manqué de tout et n'est pas habituée à jeter.

Puis la couche Paddi est supplantée par une rivale venue tout droit des États-Unis. En 1961, un ingénieur chimiste américain de chez Procter & Gamble lance les premières couches-culottes intégralement jetables. Elles portent le nom de Pampers®, du verbe *to pamper* qui signifie « choyer, dorloter » en anglais.

En 1978, la marque arrive en France. À grand renfort d'opérations marketing vantant son efficacité contre les fuites et le bien-être qu'elle apporte aux tout-petits, la célèbre couche-culotte s'impose dans l'Hexagone, devant Peaudouce®.

L'avènement de la couche-culotte intégralement jetable est lié à l'essor des grandes surfaces et à des améliorations perpétuelles.

Au fil des années, la couche devient toujours plus absorbante, plus fine, plus confortable et plus étanche. Indéniablement pratiques, ces innovations rendent ce produit de grande consommation… de plus en plus polluant. Non seulement les couches jetables sont non biodégradables, non recyclables et non compostables, mais en plus elles sont blanchies au chlore, à l'aide d'un gel nocif pour l'environnement.

La fabrication des couches est en outre gourmande en ressources naturelles : 650 kg de matières premières issues du pétrole (essentiellement du plastique) et 5 arbres sont mobilisés pour couvrir les besoins d'un seul enfant, de sa naissance à l'acquisition de la propreté (2 ans et demi en moyenne). On abat ainsi chaque année des millions d'arbres pour en extraire la cellulose, matière première principale de la couche jetable. Ainsi, contrairement à ce que les industriels laissent penser, les couches jetables ne contiennent généralement pas de coton mais du plastique et de la cellulose.

Par leurs améliorations successives et leur utilisation répandue dans le monde entier, les couches sont ainsi devenues une des principales sources de pollution de la planète.

Des déchets nocifs pour la planète

Ces produits du quotidien génèrent une masse considérable de déchets. Les couches jetables représentent ainsi 40 % des déchets ménagers d'un foyer ayant un enfant entre 0 et 3 ans. De fait, un bébé souille en moyenne quatre à huit couches par jour. Ainsi, de sa naissance à ses 3 ans, un enfant a besoin de près de 4 500 couches, ce qui représente près de 3 tonnes de déchets par enfant. Pour la France, ce sont près de 3,5 milliards de couches jetées chaque année, ce qui représente 351 000 tonnes de déchets.

Et ces rebuts sont particulièrement polluants : en décharge, les couches mettent près de cinq cents ans pour se dégrader. D'autant qu'en se décomposant elles produisent des morceaux de microplastique. Très volatils, ces minuscules morceaux se retrouvent ensuite sur toute la surface du globe : des profondeurs abyssales des mers aux sommets des montagnes. Ces particules sont préjudiciables à la faune et la flore, en particulier aux animaux marins qui les ingèrent et s'empoisonnent.

Ces quantités de déchets provoquent une acidification atmosphérique et émettent des gaz à effet de serre, car une fois jetées, ces couches sont généralement incinérées.

Par ailleurs, l'utilisation de ces produits épuise les ressources naturelles, avance une étude de l'agence de l'environnement et de la maîtrise de l'énergie (Ademe)[1].

Pour éviter cette source de pollution majeure, l'archipel du Vanuatu a décidé de les interdire. Un responsable politique de ce petit État a expliqué qu'une étude avait montré que les couches jetables sont le déchet le plus présent parmi les poubelles du pays. Les interdire vise ainsi à limiter drastiquement la quantité de plastique présente sur cet archipel qui subit déjà de plein fouet la montée des eaux.

Des risques pour la santé des tout-petits

Les couches jetables comportent également des risques pour la santé des bébés. En janvier 2019, l'Agence nationale de sécurité sanitaire (Anses) a publié un rapport[2] sur la composition des couches jetables pour bébé. Elle dresse un bilan très sévère : toutes les couches testées présentent « un dépassement des seuils sanitaires pour au moins une substance chimique ». L'ensemble des vingt-trois références analysées – les plus utilisées sur le marché, y compris les couches dites écologiques – est concerné par ce constat alarmant. Or les substances chimiques dangereuses détectées dans les couches jetables peuvent notamment migrer dans l'urine et entrer en contact prolongé avec la peau des bébés.

Plusieurs de ces éléments sont clairement identifiés par l'agence. Il s'agit d'agents parfumants volontairement ajoutés dans les produits et qui peuvent entraîner des allergies cutanées. L'agence relève également la présence de molécules se formant lors du processus de fabrication (PCB, dioxines, furanes...) et lors du blanchiment avec des dérivés du chlore. Par ailleurs, dans certaines couches, les experts ont retrouvé

1 « Impacts environnementaux des couches pour bébé », Ademe, juin 2012.

2 « L'Anses recommande d'améliorer la sécurité sanitaire des couches pour bébé », Anses, janvier 2019.

des hydrocarbures (HAP)[3] au-delà des seuils sanitaires recommandés. Les colles utilisées pour fixer les scotchs de fermeture des couches sont elles aussi pointées du doigt. L'analyse des produits a également détecté des composés organiques volatils, du formaldéhyde et des pesticides (issus probablement de la matière première utilisée).

Ainsi, au regard des risques que peuvent présenter ces substances et de la population concernée – particulièrement sensible –, l'Anses recommande d'éliminer ou de réduire au maximum les substances chimiques présentes dans les couches pour bébé à usage unique et enjoint les industriels :

- à supprimer l'utilisation de toutes substances parfumantes, en priorité celles susceptibles de présenter des effets cutanés sensibilisants ;
- à mieux maîtriser l'origine des matières premières naturelles qui peuvent être contaminées avant même la fabrication ;
- à améliorer les procédés de fabrication des couches.

Elle promet également de renforcer les contrôles pour s'assurer que les fabricants respectent ces recommandations. De son côté, le gouvernement exige des « actions correctives » de la part des fabricants et distributeurs. Toutefois, à aucun moment, l'Anses ne nomme les couches analysées ni celles qui présentent les plus grands risques pour la santé des bébés. Des parents inquiets pour leurs enfants ont reproché ce manque de transparence. Ils ont demandé la publication de la liste noire, le retrait des couches dangereuses ainsi qu'une meilleure information auprès des parents... En vain.

Les jetables les plus sûres du marché

DISTINGUER LES COUCHES CLASSIQUES DES COUCHES ÉCOLOGIQUES

Sur le marché des couches jetables, il existe en effet deux types de couches :

- les couches classiques, à base de matières plastiques et donc de produits pétroliers exclusivement ;
- les couches écologiques, composés de 50 % de matériaux biosourcés au minimum, garantissant l'absence totale de lotion, parfum, alcool et colorant.

3 Pour plus d'information, voir page 198.

Malgré le taux de biodégradabilité affiché, une couche, qu'elle soit classique ou écologique, n'est pas biodégradable, et à ce jour aucun recyclage n'existe en France. La couche écologique finit donc en général, dans la même déchèterie que la couche classique. Mais elle est toujours à préférer car :

- la cellulose (qui absorbe matières liquides et solides) de la couche écologique est issue de forêts gérées de façon responsable et n'est pas blanchie au chlore mais à l'oxygène ;
- elle n'a pas de lotion (vaseline, d'origine pétrochimique), ni de parfum, ni de colorant ;
- son emballage est généralement biodégradable ;
- elle se veut contre le 100 % chimique.

LE PALMARÈS DES COUCHES ECO-FRIENDLY

Pour détecter les compositions les plus saines, la clé est d'obtenir la composition exacte des couches, mais hélas ! Il n'y a aucune obligation en France, regrette Olivier Toma, ancien directeur de maternité et fondateur de Primum Non Nocere, une société qui conseille les établissements de santé dans leurs achats pour éviter les perturbateurs endocriniens. Militant pour rendre cet étiquetage obligatoire, il a sélectionné deux marques françaises qui ont fait le choix de la transparence et affichent leurs compositions :

- **Joone**
- **Love & Green**

De son côté, le magazine *60 millions de consommateurs* a réalisé deux tests successifs. En février 2017, il a passé à la loupe la composition de douze marques de couches pour bébé (grandes marques, marques de distributeurs, marques exclusivement vendues en ligne...). Les tests mettent en évidence la présence de résidus « potentiellement toxiques » dans dix des douze produits analysés. Seules deux marques, à l'époque, étaient sans produits nocifs selon *60 millions de consommateurs* : **Love & Green** et **Mots d'enfants** (Leclerc).

« Nous utilisons des matières naturelles, au maximum... c'est notre combat ! » indique Céline Augusto, cofondatrice de Love & Green. « Nos couches sont composées de 50 % de cellulose et nous utilisons des bioplastiques à base de maïs ou de canne à sucre, des matières bien souvent délaissées par les autres marques au profit de plastiques, de petrolatum et de matériaux moins onéreux. Un voile intégralement fait de matières naturelles s'insère entre la couche et la peau de bébé », ajoute l'entrepreneure.

Le mensuel a publié les résultats d'un autre test dans son numéro de septembre 2018. Le nombre de couches ne contenant aucune trace de produits toxiques était heureusement plus important qu'en 2017. Entre-temps, de nouveaux acteurs se sont lancés et le classement n'était plus le même. Si les couches Pampers Baby Dry® affichaient de mauvais résultats en 2017, la marque a amélioré la composition de ses produits un an après. Voilà le palmarès 2018 :

1. Joone®
2. Pampers Baby Dry®
3. Pampers Premium Protection®
4. Eco by Naty®
5. Carrefour Baby®

Pourquoi certaines couches écologiques sont-elles moins bien classées que des couches classiques ?

Les couches classiques se distinguent des couches écologiques par une plus forte utilisation de matières plastiques (polypropylène et polyester essentiellement) et moins de matières végétales. Ainsi, comme l'explique *60 millions de consommateurs*, « pour la culture de plantes comme le maïs, on peut recourir à des pesticides comme le glyphosate ou autres. C'est une des hypothèses pour expliquer la présence de résidus de pesticides ou de produits de dégradation de pesticides dans un produit fini comme une couche-culotte ».

De son côté, l'*UFC-Que Choisir* a également procédé à des tests, à l'automne 2018. Voici son classement :

1. Lotus Baby Touch®

2. Pommette (Intermarché)®
3. Lupilu (Lidl)®

Pourquoi autant de différences entre les classements ? Les tests comparatifs n'accordent pas la même importance aux résidus de substances indésirables retrouvés dans les couches dont on ne connaît pas bien le risque sanitaire à long terme pour un usage répété. *60 millions de consommateurs* a ainsi fortement pénalisé les couches contenant ces résidus. L'association a également recherché des substances que l'*UFC-Que Choisir* n'a pas testées, comme les COV notamment. Par ailleurs, les laboratoires et les méthodes choisis pour mesurer les substances nocives ne sont pas les mêmes, ce qui peut expliquer les différences de résultats (certaines méthodes ont d'ailleurs été contestées par les fabricants). Enfin, les quantités de substances à risque détectées dans certaines couches le sont à des niveaux très faibles, ce qui les rend d'autant plus difficiles à mesurer.

En tout état de cause, cette absence de consensus n'aide pas les parents à faire leur choix et les laisse perplexes et désemparés.

Des labels pour faire son choix

Devant ces divergences de classement, l'Ademe recommande de se tourner vers des couches qui portent le logo « Nordic Swan[4] » (l'écolabel officiel scandinave), l'écolabel européen ou encore le label Global organic textile standard (GOTS). Les couches suédoises Naty, les Lotus, la marque d'Intermarché Pommette, Love & Green ou encore Bambo Nature sont ainsi labellisées.

De son côté, *Que Choisir* conseille de privilégier la cellulose issue de forêts gérées durablement (certification FSC ou PEFC).

4 Pour plus d'information, voir page 202.

À QUAND LA COUCHE BIODÉGRADABLE ?

Qu'elles soient écologiques ou pas, la question de la pollution générée par les couches jetables reste entière. Car les couches écologiques, même en partie biodégradables, et les couches classiques sont mélangées de la même manière aux ordures ménagères et bien souvent incinérées ou enterrées. Toutefois, les fabricants se mobilisent pour trouver des solutions. « Nous voulons rendre nos couches 100 % biodégradables mais nous n'y sommes pas encore. Aujourd'hui, nous n'avons pas trouvé d'alternative aux microbilles absorbantes qui constituent près de 40 % de la couche. Il y a aussi les systèmes d'attaches et les barrières qui sont encore en matière synthétique. Nous avons bon espoir de trouver des solutions d'ici deux ans », indique Céline Augusto.

De son côté, le fabricant français de couches BB Distribe travaille aussi sur le sujet. La PME vosgienne conçoit notamment des couches pour Love & Green et Joone, deux marques bien placées dans tous les classements, mais aussi pour ses propres marques : Fixies (premium), Bio Baby (écologique) et Bibou. Ainsi, les enveloppes intérieure et extérieure de ses nouvelles Bio Baby sont, depuis peu, réalisées à partir d'un bioplastique 100 % dérivé de la canne à sucre. Le fabricant veut aller plus loin : « Nous planchons également sur une couche entièrement compostable en partenariat avec une start-up du Sud-Ouest. L'enjeu consiste à trouver un produit d'origine naturelle qui pourrait se substituer au SAP, le polymère super-absorbant issu de la pétrochimie », a récemment déclaré la directrice générale de la PME Christiane Andrès.

En attendant la mise en place des couches biodégradables, des parents préfèrent se tourner vers les couches lavables.

②

Les couches lavables : enfin la solution ?

La publication du palmarès de couches-culottes de *60 millions de consommateurs* a fait trembler le marché : restées longtemps stables, les ventes de couches-culottes en grandes surfaces sont passées de 830 millions d'euros en 2017 à 762 millions d'euros en 2018, selon la société d'analyses Nielsen. En prenant en compte d'autres réseaux de distribution, comme les ventes en ligne, l'institut Kantar évalue le repli à 5 %.

Ce recul s'explique certes par la baisse des naissances, mais aussi par une attirance plus importante des Français pour des produits durables, plus éthiques, notamment les couches lavables. C'est le cheminement d'Adèle, mère de trois enfants. Les couches lavables lui permettent « d'adopter une solution qui ne puise pas indéfiniment dans de nouvelles ressources naturelles ».

Moins de risques sanitaires et environnementaux

À l'heure où les autorités sanitaires dénoncent la présence de substances toxiques dans toutes les couches-culottes, des parents cherchent des alternatives sans risque. La couche lavable, faite de coton, de bambou ou de chanvre, ne contient aucune substance nocive pour les tout-petits et préserve ainsi leur santé.

Autre atout phare de la couche lavable : elle génère peu ou pas de déchets. Elle mobilise peu de ressources naturelles, simplement celles utilisées pour sa fabrication. D'autant que beaucoup de parents achètent des couches d'occasion qui servent donc pour plusieurs enfants (réduction de 6 à 10 % des impacts environnementaux du produit). Par ailleurs, la couche lavable met 6 mois à se décomposer contre 200 à 500 ans pour la jetable.

Toutefois, les couches lavables ont également un impact sur l'environnement. Si elles présentent un intérêt en termes de réduction des quantités de déchets, elles génèrent aussi des consommations d'eau et d'énergie plus importantes. Il est donc indispensable d'en optimiser l'usage :

- laver les couches dans une machine à pleine charge (réduction des impacts environnementaux de 11 à 16 %), à 60 °C maximum plutôt qu'à 90 °C (réduction des impacts environnementaux de 14 à 43 %) ;
- utiliser des lessives porteuses de l'écolabel européen, par exemple, et doser tel que préconisé par le fabricant ;
- sécher les couches à l'air libre (réduction des impacts environnementaux de 6 à 16 %) ;
- ne pas les repasser.

Une économie substantielle

Par ailleurs, les couches lavables reviennent indéniablement moins cher : l'achat d'un lot de couches lavables coûte entre 500 et 900 euros en moyenne, contre un coût global moyen de 1 500 euros à 3 000 euros pour des couches jetables de la naissance de l'enfant à ses 2 ans et demi. D'autant que de plus en plus de collectivités font payer les poubelles au poids : le recours aux couches lavables permet de ne pas alourdir cette taxe. Enfin, certaines municipalités accordent une prime aux parents qui se servent de couches lavables.

Des collectivités ont également franchi le pas, à l'image de la crèche Casa di Rosa, basée à Oletta, en Corse. « Nous souhaitons mettre en place un système écologique complet, souligne Chantal Giannoni, directrice de la crèche de trente berceaux. Nous avons supprimé tous les consommables, à commencer par les couches jetables. Nous les avons remplacées par des couches lavables. Pour le reste, nous privilégions du matériel réutilisable, des gants pour les changes des bébés, des torchons... », indique la responsable de la structure labellisée Écolo crèche depuis 2015. Décidé à la fin de l'année 2015, ce recours aux couches lavables a été guidé par une préoccupation de santé publique. « Les couches jetables, avec tous les produits chimiques qu'elles contiennent, sont des bombes à retardement », avance Chantal Giannoni.

Par ailleurs, les couches lavables ont permis d'éviter de jeter 660 kilos de couches par an. Cette réduction des déchets est d'autant plus précieuse sur cette île saturée par ses détritus.

En termes financiers, la structure a également rapidement trouvé son compte. L'achat des trois cents couches lavables et celui de nouvelles machines a été amorti en dix-sept mois. Au total, l'ensemble des dispositifs a permis à la crèche d'économiser 8 464 euros, soit près d'un tiers du budget de fonctionnement de la structure. Quant au surplus de travail représenté par l'entretien des couches, il est de 30 minutes par jour, calcule la directrice. Si, au départ, les salariés avaient quelques craintes, aujourd'hui tout le monde est convaincu. Les parents en premier lieu.

Une demande grandissante des collectivités et des parents

« Nous avons une demande grandissante de la part des collectivités, indique Clémence Ossent, cocréatrice de la marque de couches lavables Hamac, leader en France avec 40 % de parts de marché. Nous comptons plus de soixante-dix crèches qui sont équipées de nos couches, ce qui est encore faible au regard du nombre de structures, mais les choses évoluent rapidement. Par ailleurs, certaines collectivités proposent des lots de couches aux parents, subventionnent leur achat ou encore organisent des ateliers pour les sensibiliser. »

Les familles sont elles aussi toujours plus nombreuses à se lancer dans l'aventure des couches lavables. Résultat : « depuis trois ans, notre activité est en pleine expansion et la croissance a atteint 45 % en 2018 », avance Florence Hallouin, cofondatrice de la marque Hamac. Quant au marché, il progresse de 30 % environ depuis trois ans. Ainsi, sur les 2,3 millions d'enfants qui portent des couches en France, près de 3 % sont aujourd'hui équipés de produits lavables, soit environ 70 000 bébés. Revers de la médaille, Hamac est régulièrement confronté à des problèmes de rupture de stock. Car il n'est pas question de faire l'impasse sur la qualité, qui exige certaines conditions de fabrication, et donc du temps.

TESTÉ ET APPROUVÉ PAR ÉMILIE, MÈRE DE TROIS ENFANTS

Émilie, mère de trois enfants, a sauté le pas à la naissance du petit dernier.

« J'ai voulu engager une transition écologique avec la naissance de notre troisième enfant. Les alertes sur le climat se multiplient, nous ne pouvons plus nier l'emballement climatique qui se produit sous nos yeux, or l'empreinte écologique d'un bébé est énorme. Nous n'avions pas envie de faire payer au monde notre acte égoïste de faire ce petit dernier. Parallèlement, les scandales sanitaires se multiplient et les dernières révélations sur la toxicité des couches nous ont conduits à revoir nos habitudes. D'autant que j'ai travaillé dans le marketing pour des groupes de grande consommation et… je n'ai pas confiance. Par ailleurs, j'ai déjà deux enfants ; or le premier, âgé aujourd'hui de 12 ans, vit une puberté précoce qui serait probablement liée à l'utilisation de Bisphénol A. Tous ces éléments ont influencé nos choix et nous ont incités à vouloir maîtriser ce que nous mettons sur les fesses de notre bébé. Nous avons donc opté pour des couches lavables.

Une autre routine s'est installée à la maison, mais je ne peux pas parler de contrainte. La machine à laver tourne un peu plus souvent : je fais une machine avec les garnitures des couches tous les deux ou trois jours, ce n'est pas insurmontable ! D'ailleurs, mon mari s'y est rapidement mis, mais notre décision a laissé perplexe une grande partie de notre entourage. Par exemple, j'avais mis les couches lavables sur la liste de naissance, or seule une personne en a acheté, et je me demande si elle ne l'a pas fait parce qu'il ne restait plus que cela sur la liste. C'est dire le peu d'enthousiasme suscité par notre choix !

Pourtant, les couches lavables modernes n'ont rien à voir avec celles de nos grands-mères : elles sont pratiques, absorbantes et comparables aux jetables, sauf qu'elles produisent moins de déchets et ne contiennent pas de produits toxiques.

Cette solution nous permet aussi de réaliser des économies puisque le recours à des couches réutilisables coûte deux à trois fois moins cher que des jetables. Et par la même occasion, cela nous évite d'engraisser les grands groupes industriels.

Les couches lavables nous ont également permis d'être plus attentifs à nos déchets : au moment du lange, je n'utilise pas de coton jetable mais des lingettes réutilisables et je lave les fesses de mon bébé à l'eau. Je fabrique mes produits d'entretien. Les enfants sont sensibilisés à tout cela, nous sommes clairement dans un mouvement de transition. »

TESTÉ ET APPROUVÉ PAR JUSTINE, MÈRE D'UNE PETITE FILLE

Justine confie qu'elle ne faisait pas tellement attention avant l'arrivée de sa fille. Mais à sa naissance, elle a opté pour les couches lavables afin de diminuer la quantité de déchets.

« J'ai acheté les couches d'occasion, 160 euros pour tout un lot, le prix que nous aurions payé pour des jetables aurait été au moins trois fois supérieur. D'autant que nous payons nos poubelles au poids, donc le fait de ne pas jeter de couches nous permet également de payer moins de taxes. »

Côté contraintes, Justine reconnaît faire une machine de plus tous les trois jours. La mise en place de ce système a nécessité un temps d'adaptation. « Nous avions quelques fuites au départ, mais j'ai rapidement trouvé des solutions grâce à d'autres parents que j'avais sollicités dans des groupes d'entraide dédiés aux couches lavables sur les réseaux sociaux. Ce précieux soutien m'a permis de ne pas baisser les bras et aujourd'hui, tout va bien ! Au point que je souhaite aller plus loin. L'arrivée de ma fille a été une bonne opportunité pour changer nos habitudes. »

3

Passer à l'acte : mode d'emploi des couches lavables

Même si ce n'est pas encore la norme, les parents qui lavent les layettes de leur bébé ne sont donc plus considérés comme des spécimens rares ! Plusieurs options se présentent à ceux qui souhaitent se lancer.

ACHETER DES COUCHES

On l'a dit, la couche lavable n'a plus rien à voir avec les langes en tissu fermés par de dangereuses épingles de nourrice utilisées jadis par nos grands-mères. L'installation de ces layettes est dorénavant pratique et comparable à celle des couches jetables.

Les marques (Hamac, Bébé culotté, Flip, Diapers, Grovia...) rivalisent d'ingéniosité et de systèmes innovants et colorés pour que les fesses de bébé restent au sec et confortablement installées. Ces couches peuvent prendre de multiples formes :

- couches lavables intégralement ;
- systèmes hybrides disposant de poches pour y insérer des matelas absorbants, en tissu ou en matière jetable ;
- système où les couches sont divisées en deux parties bien distinctes ;
- certains modèles proposent des tailles différentes, là ou d'autres évoluent avec l'enfant.

Ces nombreux choix peuvent égarer les parents en quête de transition écologique et font l'objet de discussions sur des groupes Facebook dédiés. Les parents y prônent les bienfaits et les contraintes des différents produits et échangent bonnes pratiques et conseils… quand ils ne revendent pas les couches, qui peuvent servir pour plusieurs bébés – deux, trois ou même quatre. La marque Hamac propose même, si besoin, un service de réparation !

En résumé, pour se procurer ces couches, les parents peuvent donc les acheter d'occasion sur les groupes Facebook dédiés ou sur Vinted. Et pour en acheter des neuves, les marques proposent des achats en ligne, même si certaines boutiques et quelques grandes surfaces les vendent également.

Le prix ? Comptez entre 600 et 1 000 euros, un budget qui reste bien en deçà des 1 500 à 3 000 euros déboursés pour les couches jetables.

LOUER DES COUCHES

Pour éviter l'investissement de départ, de plus en plus de sociétés louent des lots de couches lavables.

À l'heure où nous écrivons cet ouvrage, voici les sociétés qui proposent les services de location :

- Association Atre (Alençon, 61) : location autour d'Alençon et service de lavage et livraison à domicile.
- HiPopo (Bordeaux, 33) : location dans la France entière et service de lavage et livraison à domicile.
- Locacouche (Villefontaine, 38) : location de couches dans la France entière.
- Ma petite couche (Issy-les-Moulineaux, 92) : location dans la France entière.
- Natanature (Saubens, 31) : location dans la région toulousaine et service de lavage et livraison à domicile.
- Rebelle de Nature (Valence, 26) : location dans la France entière.
- Smarty Nappy (île Maurice) : location sur toute l'île et service de lavage et livraison à domicile.
- Tousencouches (Saint-Brévin-les-Pins, 44) : location de couches lavables dans la France entière.

– La Parentalité autrement (Tours, 37) : location dans la France entière et service de lavage et livraison à domicile.

Le prix ? Les tarifs varient en fonction de l'âge de l'enfant et de la quantité de couches louées. Ainsi, de la naissance à 6 mois, un lot de vingt couches se loue 49 euros par mois, puis ce tarif passe à 39 ou 29 euros par mois en fonction des modèles choisis, puis à 25 euros pour les enfants de 18 mois à 2 ans et plus.

Le service à domicile

DES COUCHES LAVÉES ET LIVRÉES À DOMICILE PAR UNE ENTREPRISE SPÉCIALISÉE

Pour les parents que la corvée de laver les couches sales des bébés rebute, des services de location de couches lavables, lavées en pressing et livrées à domicile, se déploient sur tout le territoire.

La start-up Ma petite couche est ainsi une des premières à avoir lancé ce service en région parisienne en 2017. L'idée a été développée par Antoine de Chambost, père de cinq enfants, et Philippe Gaillard, père de deux enfants. De retour des États-Unis, ce dernier avait abandonné les couches lavables. En effet, outre-Atlantique, il avait opté pour un service de couches lavables nettoyées par une entreprise spécialisée, un service qu'il n'a pas retrouvé en France. L'entrepreneur a ainsi décidé de lancer une structure proposant ce type de service. « Aujourd'hui, une trentaine de familles utilisent notre service de lavage et 370 celui de la location, souligne Philippe Gaillard. Nous avons grossi très vite et avons été confrontés à un problème d'approvisionnement… C'est un bon problème ! Maintenant, tout est rentré dans l'ordre et nous pouvons de nouveau honorer toutes les demandes. »

Le principe est simple : les parents souscrivent à un service de location de seize couches ou plus en fonction de leurs besoins. La société Ma petite couche récupère ensuite les couches souillées au domicile des parents, *via* un service de livraison à vélo. Le même lot de couches est ensuite lavé et livré de nouveau au domicile, toujours à vélo.

La blanchisserie sélectionnée par la start-up est un établissement et service d'aide par le travail (ESAT), structure qui permet aux personnes en situation de handicap d'exercer une activité professionnelle. Et la lessive utilisée est neutre pour la peau des tout-petits.

Quant aux couches, fabriquées en France, leur apparence est similaire à celle de leurs homologues jetables. Elles sont composées d'une partie amovible en microfibres insérée dans une culotte étanche. Les tissus sont évidemment garantis sans produits toxiques pour le corps et pour l'environnement.

Avant de se lancer, les fondateurs avaient mené un essai auprès de six familles. Un test grandeur nature. « Une des premières préoccupations des familles était de savoir si elles utiliseraient toujours les mêmes couches. Nous avons donc répondu à cette demande en créant des lots de couches réservés pour chaque enfant. Lorsqu'un enfant change de taille, nous lavons deux fois les couches avant de les attribuer à un autre bébé. Nous avons également distingué les couches de nuit de celles de jour. Après ces quelques réglages, toutes les familles ont continué à avoir recours à Ma petite couche après la période test. » Un test concluant, puisqu'il y a très peu d'abandons après plus de deux années d'activité. Pourtant, par couche, le service de Ma petite couche peut être plus onéreux que les jetables. Par exemple, la location de seize couches lavées et livrées deux fois par semaine coûte 56 euros par mois, contre un coût moyen de 17 à 40 euros par mois pour l'achat de couches jetables.

Sur le même modèle, HiPopo s'est ainsi lancé sur Bordeaux, Natanature dans la région toulousaine et La Parentalité autrement à Tours. D'autres systèmes similaires existent également à l'île Maurice ou encore à Alençon.

TESTÉ ET APPROUVÉ PAR MATHILDE, MÈRE D'UNE PETITE FILLE

« On partageait le même espace de coworking avec Philippe, le fondateur de Ma petite couche. Il m'a donc naturellement parlé de son projet, et comme j'avais une petite fille d'un an et demi, je me suis dit : pourquoi ne pas essayer ? Jusqu'à présent, j'avais toujours mis des couches jetables à ma fille et je ne m'étais jamais posé la question de faire autrement. Les couches lavables ne faisaient pas partie de mon vocabulaire ! J'ai ensuite été interpellée par l'étude de *60 millions de consommateurs.* Notre décision de passer aux couches lavables a d'abord été guidée par le souci de préserver la santé de notre fille puis par notre volonté de réduire nos déchets. Mais surtout, l'élément décisif a été le service de lavage proposé.

Au départ, nous avons testé le service... et nous sommes restés clients. D'un point de vue pratique, peu de choses changent par rapport aux jetables. Et si nous avons un deuxième enfant, nous commencerons d'emblée par les couches lavables ! »

La maternité d'Alençon montre la voie

Une maternité tout entière, celle d'Alençon, en Normandie, a décidé de souscrire à ce système. Auparavant, la structure n'utilisait pas moins de 6 600 couches jetables tous les ans, soit 7 tonnes de déchets. Désormais, la couche jetable n'est employée que pour le tout premier change (et le retour à la maison). Puis les couches lavables prennent le relais.

L'argument santé a convaincu l'équipe de sages-femmes de procéder à ce changement. Depuis, elles ont constaté une réelle différence, il y a une nette diminution des allergies.

La maternité reconnaît que la présence de l'association Atre, qui loue et entretient quatre cents couches lavables pour la maternité, a grandement facilité la mise en place de ce nouveau système. Pour le personnel, ça ne change rien... si ce n'est qu'il faut perdre l'habitude de jeter les couches à la poubelle ! Le seul inconvénient, c'est que c'est un peu plus cher. Le surcoût est estimé à 700 euros par mois pour la maternité. De fait, les maternités ne paient (presque) pas les couches jetables puisqu'elles sont « offertes » par les fabricants. Le service de location-lavage des couches est donc une dépense supplémentaire qui ne vient en remplacement d'aucune autre.

Malgré cet inconvénient financier, le succès de l'expérimentation est au rendez-vous puisque les parents sont pleinement satisfaits. Certains poursuivent le service de lavage avec l'association : cinq à six familles chaque mois sur quatre-vingts naissances, un chiffre en constante augmentation. Résultat, la petite maternité, qui compte environ mille naissances chaque année, a été sollicitée par de nombreuses structures comme le CHU de Rouen ou des établissements à Bruxelles et au Luxembourg souhaitant lui emboîter le pas.

L'implication des maternités pourrait marquer un véritable tournant dans l'adoption des couches lavables. De fait, les parents reproduisent les rituels appris lors de leur séjour à la maternité. Les fabricants le savent bien, ce n'est pas par altruisme qu'ils « offrent » leurs produits aux maternités mais bien pour séduire leurs prochains clients.

TESTÉ… ET PAS APPROUVÉ : LE TÉMOIGNAGE DE MATHILDE

« Mon petit garçon est né en mars 2017, peu après les premiers tests de *60 millions de consommateurs*. Comme de nombreux parents inquiets, j'ai décidé de prêter attention à ce que je mettais sur les fesses de mon fils. Je m'étais donc équipée d'un lot de couches lavables. Des modèles en deux parties où l'on place un insert à l'intérieur que l'on retire une fois la couche souillée. J'installais également un voile jetable sur la couche pour mieux recueillir les selles. Après les premières semaines de vie passées en couches jetables, je me suis lancée dans le grand bain des lavables ! J'étais alors en congé maternité et le rituel s'est rapidement et facilement installé. Je ne constatais pas de fuite ni de rougeurs particulières. En mai et juin, avec les beaux jours, mon nourrisson portait donc ses jolies couches en guise de vêtements. Je me réjouissais de voir ses petites fesses recouvertes de tissus multicolores, sans risque pour la santé. D'autant que, en été, pas de problème pour faire sécher le linge dehors sur notre petite terrasse.

C'est avec le départ en vacances que les premières difficultés sont apparues. On voyage difficilement léger avec un nouveau-né, alors quand en plus il faut y ajouter la batterie de couches, les inserts, les voiles jetables, ça devient un véritable déménagement ! J'ai donc limité le nombre de couches et alterné entre couches lavables quand elles étaient propres et couches jetables le reste du temps. D'autant que mon compagnon n'était pas convaincu par l'utilité de la démarche et y voyait avant tout les inconvénients : ceux de manipuler les selles de son bébé au moment des changes et de laver les couches souillées. J'étais donc un peu seule dans la bataille !

De retour à la maison, la situation est devenue plus compliquée encore. Nous habitions un petit appartement et, avec les mauvais jours, impossible de laisser les langes sécher dehors. Le tancarville a donc pris place dans notre minuscule salon. Puis la reprise du travail, au cinquième mois de l'enfant, a mis un terme définitif à mon expérience.

Faute de temps et d'espace, mon aventure des couches lavables a donc été de courte durée. Nous nous sommes tournés vers les couches jetables, en optant pour les couches les mieux notées à ce moment-là, celles de Love & Green®. Nous sommes par la suite restés fidèles à cette marque. Il faut dire qu'en cas d'incartade, les fesses de notre enfant nous rappellent à l'ordre : l'utilisation d'autres couches l'irrite presque systématiquement.

Mais, couches écologiques ou pas, la quantité de déchets produite par ce petit être reste colossale. Si sa santé semble mieux préservée avec des couches écologiques, leur effet produit sur l'environnement reste délétère. Dans un contexte où les alertes sur le climat et notre incapacité à traiter nos déchets se multiplient, ce choix me laisse forcément un goût amer. Je prévoyais de retenter l'aventure des couches lavables avec mon deuxième enfant, armée de mes nouvelles connaissances et soutenue par les groupes d'entraide sur les réseaux sociaux. Mais nous avons eu la bonne surprise d'avoir des jumelles et la tâche nous a paru insurmontable, même avec toute la bonne volonté et le soutien des parents convaincus sur les réseaux sociaux. Il me reste à prier pour que les couches deviennent rapidement biodégradables à 100 % ! »

En résumé

- **Les couches jetables contiennent des substances toxiques, potentiellement cancérogènes.**
- **Elles sont une source de pollution majeure.**
- **Il existe deux catégories de couches : celles fabriquées essentiellement à base de plastique, dérivé du pétrole, et celles dites écologiques, faites en partie de végétaux biodégradables, même si elles ne sont pas recyclées. Start-ups et fabricants planchent sur une couche biodégradable à 100 %.**
- **Les couches lavables sont une solution écologique, économique et sanitaire qui séduit de plus en plus, même si le nombre d'utilisateurs reste minoritaire.**
- **Leur utilisation demande d'y consacrer un peu de temps et de disposer d'un espace suffisant pour les faire sécher.**
- **Leur achat se fait en ligne, en boutique, dans quelques grandes surfaces, ou d'occasion sur Facebook ou Vinted.**
- **Des services de location ou de location/lavage avec livraison se déploient sur le territoire.**
- **De plus en plus de collectivités les adoptent, et même des maternités.**

Mois 5

(2e mois)

HABILLER SON BÉBÉ À LA MODE ÉTHIQUE

1

Le prix du petit prix

C'est sans doute l'une des premières choses que l'on achète pour son futur bébé : des habits. Pourtant, entre ceux que l'on récupère auprès d'amis, de cousins, de la grande sœur, il y a souvent de quoi faire. Que cela suffise ou non, un petit tour dans notre magasin préféré fera le reste au meilleur prix. Du moins en apparence.

Car il y a bien un prix au-delà de l'étiquette lorsque nous achetons ce petit body orné d'une girafe qui est bien trop mignonne pour vouloir du mal à qui que ce soit. Même chose pour ce pyjama si doux qu'on a envie d'en acheter un pour soi, même si on ne comprend pas bien en quoi il est fait.

Le prix de cette mode qui inonde les rayons est dramatique. Un cauchemar social et environnemental qui pousse de plus en plus de parents à tourner les talons quand il s'agit d'habiller bébé, par éthique bien sûr, mais aussi pour protéger la santé de leur enfant. Si trop peu de gens encore ont réalisé les conséquences de leurs choix de consommation en matière vestimentaire, une prise de conscience semble pointer le bout du nez. Il était temps !

Acheter de la *fast fashion*, c'est choisir le pire

SUR LE PLAN ENVIRONNEMENTAL

Quelques chiffres qui en disent long :

- Plus de cent milliards de vêtements sont produits chaque année dans le monde, ce qui explique pourquoi 25 % des pesticides utilisés servent à la culture du coton.
- Chaque année, en France, 600 000 tonnes de vêtements sont commercialisées, dont seulement un tiers est collecté et recyclé. Ce ne sont pourtant pas les bornes, collectes, associations ni occasions qui manquent pour se débarrasser durablement de nos habits, mais peut-être ont-ils perdu de la valeur à nos yeux ?
- La mode émet 1,2 milliard de tonnes de gaz à effet de serre par an, soit plus que le trafic aérien international et maritime réunis.
- 4 % de l'eau potable dans le monde sert à produire des vêtements neufs[1]. Pour se faire une idée avec un exemple concret, il faut entre 7 000 et 11 000 litres d'eau pour fabriquer un jean. À ce jour, 70 % des cours d'eau chinois sont pollués par l'industrie textile.
- Le pétrole est à l'origine de 70 % des fibres synthétiques (élasthanne, acrylique...) dans le monde.
- La principale source de pollution plastique des océans est causée par le lavage des vêtements en fibre synthétiques (nylon, polyester, acrylique, élasthanne...). À chaque lavage, des microparticules de plastique sont libérées et ne seront jamais filtrées avant de finir dans les eaux.

SUR LE PLAN ÉTHIQUE

L'Occident a pris conscience récemment des conditions dans lesquelles est produite une grande partie des vêtements que nous portons. L'onde de choc est venue de loin avec le drame du Rana Plaza, survenu le 24 avril 2013 : 1 138 ouvriers sont morts et 2 000 ont été blessés dans

1 « Le revers de mon look », Ademe (Agence de l'environnement et de la maîtrise de l'énergie), mars 2018. https://www.ademe.fr/sites/default/files/assets/documents/le-revers-de-mon-look.pdf

l'effondrement d'un atelier de fabrication de vêtements dans la banlieue de Dacca, au Bangladesh. Le monde a alors découvert les conditions de travail des « petites mains » de la mode à bas prix, jusqu'alors tues par les grandes marques peu fières de cette partie de l'iceberg. L'émoi a été international, à juste titre. De là à tout changer, il ne faut pas être utopiste quand on parle industrie textile au meilleur prix !

Si de petites avancées ont pu être notées ici ou là, le modèle reste le même aujourd'hui, impitoyable. La plupart des marques de la *fast fashion* font produire leurs collections très loin des pays occidentaux, l'objectif étant de réduire au maximum le coût du travail des ouvriers du textile, quitte à sacrifier leurs droits sociaux. Bangladesh, Inde, Viêtnam, Turquie… font partie des grands pays producteurs de la mode mondiale qui voyage ensuite beaucoup (avec le bilan carbone qui va avec) pour arriver dans les rayons de nos magasins habituels.

Et nos amies les bêtes ne sont pas en reste puisque les vêtements et chaussures fabriqués en cuir proviennent généralement d'animaux (vaches, moutons, porcs, veaux…) élevés dans des conditions peu enviables.

Pourtant, 70 % de notre garde-robe resteraient au placard, soit sept vêtements sur dix, dont une très grande partie est produite dans les conditions que nous venons de décrire. Et bien souvent, ce ne sont pas les piles de vêtements de nos enfants qui vont nous faire dire le contraire.

SUR LE PLAN SANITAIRE

Un récent rapport de l'Anses[2] préconisant de laver les habits neufs avant de les porter a fait parler de lui. Les conclusions de cette étude sont édifiantes : les vêtements produits par l'industrie textile peuvent être la cause de soucis pour notre santé et, *a fortiori*, pour celle des plus petits. Ainsi, l'Anses nous apprend que nos vêtements et chaussures peuvent être la cause d'allergies pour plusieurs raisons : « De nombreuses substances chimiques entrent dans la fabrication des articles textiles et chaussants, mais aussi lors du cycle de vie des articles textiles

2 Avis de l'Anses (Agence nationale de sécurité sanitaire alimentation, environnement, travail), rapport d'expertise collective, « Évaluation des effets sensibilisants ou irritants cutanés des substances chimiques présentes dans les articles chaussants et textiles d'habillement », avril 2018.

d'habillement et articles chaussants, en particulier, lors de leur transport, pour leur conservation et leur entretien[3]. »

Pour minimiser l'effet des substances identifiées dans l'étude, l'agence conseille de **laver ses vêtements neufs avant le premier usage**. Sur les vingt-cinq articles textiles d'habillement neufs analysés, le rapport constate notamment la présence de paraphénlylène diamine (« substance sensibilisante cutanée reconnue [...] quantifiée dans 20 % des articles textiles d'habillement[4] »), le CI Disperse Yellow 23 (un colorant allergène) et des métaux lourds quantifiés dans 16 % des échantillons (cobalt, cuivre, antimoine, plomb, cadmium, mercure). Les scientifiques ont même retrouvé du chrome (20 % des échantillons) et du cobalt (16 %).

Il faudrait donc laver (et au passage polluer l'eau) pour faire baisser toutes ces substances dans les vêtements de nos enfants. Mais cela ne suffirait pas pour autant, car si certaines substances chimiques disparaissent bien après un passage en machine, certaines persistent et, même pire, augmentent après avoir été lavées. C'est notamment le cas de la paraphénlylène diamine.

Enfin, les experts ont découvert que « tous les élastiques [des vêtements] contiennent du 2-mercaptobenzothiazole », un sensibilisant cutané, mais aussi, et c'est encore plus inquiétant, du formaldéhyde, une substance cancérogène.

En conclusion, l'étude a réclamé de restreindre, voire d'interdire certains produits utilisés couramment, de revoir les seuils minimums et de mieux informer le consommateur.

Un secteur en pleine mutation ?

Depuis quelques années, il n'y a pas un géant du textile qui n'ait fait une annonce sur ses nouveaux engagements durables face à la pression des consommateurs.

– En juillet 2019, le groupe INDITEX (Zara, Massimo Dutti, Pull&Bear) a annoncé que toutes les collections de Zara (70 % de la production du groupe) seraient fabriquées durablement à l'horizon 2025 (coton

---

3 *Ibid.*, p. 1.
4 *Ibid.*, p. 7.

et polyester biologiques) et que, d'ici là, des mesures concernant le tri, l'énergie ou encore l'utilisation des produits chimiques seraient prises.

- Levi Strauss & Co a déclaré vouloir réduire de 90 % ses émissions de gaz à effet de serre d'ici 2025.
- Ralph Lauren et Burberry veulent en faire autant, mais à hauteur de 35 % d'ici 2030[5].
- Enfin, H&M avait annoncé ne vouloir commercialiser que du « coton issu de sources durables » d'ici 2020[6]...

Pour autant, Pablo Isla, P-DG de Zara, a également affirmé : « Je ne pense pas que nous produisions trop de vêtements. » Cette déclaration montre que la marque qui commercialise quelque 20 000 modèles de vêtements et accessoires chaque année dans le monde, avec pas loin de vingt-quatre collections par an, ne prend pas le problème à la racine.

La conclusion de certains spécialistes est sans appel : si les géants du textile veulent donner un écho aux nouvelles attentes écologiques des consommateurs, c'est sans revoir en profondeur leur modèle qui reste pour beaucoup intenable. Mais, pour Majdouline Sbai[7], il ne faut pas dresser un tableau trop noir. Elle considère que les transformations qu'a connues l'industrie de la mode ont été relativement rapides ces cinquante dernières années. Elles ont commencé par la réorganisation de la chaîne de fabrication avec la soustraitance à des entreprises dans des pays de main d'œuvre à bas coût (essentiellement en Asie du Sud-Est), l'augmentation exponentielle des volumes de production (doublement de la production mondiale entre 2000 et 2014), le développement des fibres synthétiques et du coton. En parallèle, pour diffuser cette offre toujours plus importante, la plupart des enseignes de mode ont utilisé des leviers identiques : le réassort permanent, l'augmentation du rythme des collections, les soldes permanentes.

---

5 https://www.elle.fr/Mode/Les-news-mode/Zara-annonce-passer-aux-textiles-100-durables-d-ici-2025-prise-de-conscience-ou-greenwashing-3800520

6 https://www2.hm.com/fr_fr/femme/catalogue-par-theme/1120a-cotton-that-feels-better.html

7 Auteure d'*Une mode éthique est-elle possible ?*, Éditions Rue de l'Echiquier, 2018.

Vers une déconsommation ?

Aujourd'hui, le marché est saturé. Les dernières études publiées par l'Institut français de la mode montrent d'ailleurs une « déconsommation » des produits de mode et d'habillement. Les Français achèteraient moins de vêtements neufs et une partie croissante d'entre eux revendique ce choix pour des raisons environnementales. Cette évolution, engagée il y a dix ans, a des conséquences sur les entreprises du secteur, qui sont conscientes qu'il va falloir proposer moins de produits de mode et faire évoluer les manières de produire et de vendre.

Si le passage à l'acte n'est pas encore massif ni structurant, dans les grandes enseignes on voit enfin apparaître davantage de vêtements conçus à partir de matières moins polluantes (coton biologique, lin, matières recyclées, tencel – produit à partir de pulpe de bois –, etc.) ou issus de fabrication locale. Et des propositions originales émergent, comme la location de vêtements et d'accessoires, ou même la revente de vêtements de seconde main à la marque qui les a fabriqués.

Puisque le vent nouveau ne viendra probablement pas immédiatement du côté de l'industrie textile, l'arrivée d'un bébé est une occasion rêvée de revoir nos habitudes vestimentaires. D'autant que la *fast fashion* a tellement produit et que nous avons tellement acheté qu'il y a un marché de la seconde main plein de ressources.

Par ailleurs, un mouvement de marques et de boutiques engagées se développe avec une offre alternative de vêtements et chaussures neufs qui peut s'appuyer sur de nombreux labels permettant d'y voir plus clair et de minimiser son empreinte environnementale et sociale tout en réduisant les risques pour la santé de son enfant quand on achète neuf.

②

Acheter éthique...

... et neuf

Dans un contexte de défiance de l'industrie textile, de nombreuses marques engagées dans une démarche écoresponsable, proposant vêtements et chaussures éthiques, ont vu le jour ces dernières années.

En parallèle, des labels existent pour nous aider à y voir clair dans une offre qui se contente parfois de promesses sans lendemain.

Ainsi, passer à la mode éthique pour ses enfants est devenu un objectif facile à atteindre. Entre le neuf et l'occasion, il existe aujourd'hui une offre très riche à portée de toutes les bourses pour consommer moins mais mieux.

LE DÉVELOPPEMENT DE BOUTIQUES ET DE MARQUES ENGAGÉES

Ces dernières années, des marques et boutiques de prêt-à-porter jouent la carte de l'éthique en proposant des vêtements respectueux de l'environnement et de notre santé, mais aussi en tenant compte de la condition sociale des femmes et des hommes qui les produisent.

Cela dit, **il ne suffit pas de s'affirmer éthique pour l'être**, c'est en cela que les différents labels existants permettent d'éviter le *green washing*. Nous nous concentrerons donc ici sur les offres indépendantes, car, sans préjuger de l'intérêt de certaines gammes « responsables » de grands groupes, nous considérons que leur modèle est si éloigné d'un écosystème durable qu'ils n'ont pas leur place dans cet ouvrage, en tout cas en l'état actuel des choses.

Les marques et les boutiques en ligne dont nous choisissons de parler prennent généralement le parti de la transparence, de l'éthique sociale et environnementale, nous en avons sélectionné quelques unes parmi tant d'autres.

- Ainsi, The Green Dressing[8] assure « qu'aucun enfant n'a fabriqué ces vêtements, qu'aucun produit chimique ou dangereux n'a été utilisé pour la culture de la matière première ou pour la confection du vêtement. Les salariés du textile bio sont respectés et donc payés convenablement ».
- De son côté, Coq en pâte[9] propose des vêtements en coton biologique (certifiés GOTS, voir page 109) et assure que la production, située en Inde, répond à des standards de responsabilité sociale garantissant le respect des droits fondamentaux des travailleurs.
- Dans la même veine, la Queue du chat[10] précise sur son site : « tous nos articles sont produits chez un fournisseur unique situé sur la côte du Gujarat en Inde dont nous connaissons parfaitement le sérieux et le savoir-faire. Certifié GOTS, cet atelier ne travaille qu'avec du coton biologique et dans le respect des droits fondamentaux des personnes y travaillant en offrant des salaires justes, une couverture sociale et des avantages qui vont au-delà des exigences légales ».
- Pain d'Alouette[11] vend des accessoires pour les plus petits, plaids, bavoirs, sorties de bain, etc. et utilise des teintures végétales qui sont produites dans un atelier français, à partir de plantes locales, les tissus sont bio et la confection est réalisée dans un atelier français favorisant la réinsertion et l'intégration des personnes.
- Enfin, l'exemple de la boutique en ligne AMA etc.[12] est intéressant, car elle a développé des repères visuels permettant d'identifier plus facilement les engagements des offres présentes sur la plateforme. Ainsi, lorsque vous sélectionnez une marque, vous savez si elle utilise du coton bio, respecte les principes du commerce équitable, fabrique

8 www.thegreendressing.com
9 www.coqenpate.com
10 www.laqueueduchat.com
11 www.paindalouette.com
12 www.amaetc.com

localement, en France ou en Europe, et si les produits proposés sont réalisés grâce à des techniques artisanales.

Au final, il est assez rare de trouver des marques ou des boutiques en ligne qui vendent des produits éthiques fabriqués en France. L'Inde reste sans doute le premier atelier de textile mondial, ce qui confère aux différents labels un rôle particulièrement important lorsqu'on veut habiller bébé.

LES LABELS POUR NOUS AIDER À Y VOIR PLUS CLAIR

Plusieurs grandes marques ont développé des collections, labels ou logos destinés à identifier leurs engagements pour une mode plus éthique. La question de la réalité de ces engagements se pose chaque fois qu'une initiative dépend directement ou indirectement de la marque, qui devient alors juge et partie.

Par exemple, la gamme *conscious* de H&M évoque un « style écoresponsable » mais n'en dit guère plus sur la réalité des engagements du géant de la *fast fashion* en la matière. En y regardant de plus près, on voit bien la mention « coton bio » fréquemment citée dans les informations relatives aux produits (souvent à côté de matière synthétique dont nous avons vu les impacts négatifs), mais guère plus... En conséquence, l'autorité norvégienne de la consommation a jugé que cette gamme *conscious* était trompeuse, car la marque n'informe pas assez ses clients sur ce qu'elle recouvre réellement.

Ce cas n'étant pas isolé, il existe un bon moyen d'éviter le *green washing* : il suffit de se référer aux labels du textile, à leur cahier des charges et, surtout, à leur indépendance. Voici quelques exemples de labels couramment utilisés par les marques les plus engagées.

– **GOTS[13] (Global Organic Textile Standard)**

« Seuls les produits textiles contenant un minimum de 70 % de fibres biologiques peuvent être certifiés GOTS. Les intrants chimiques utilisés, comme les colorants et adjuvants, doivent être conformes à un certain nombre de critères environnementaux et toxicologiques. Les systèmes de production et de transformation doivent

GLOBAL ORGANIC TEXTILE STANDARD · GOTS ·

13 https://www.global-standard.org/fr/

également être conformes aux règles environnementales. Une installation de traitement des eaux usées fonctionnelle est obligatoire pour toute unité de traitement humide utilisée et tous les industriels doivent se conformer à un certain nombre de critères sociaux[14]. »

– L'écolabel européen[15] pour les produits textiles et les chaussures

« Pour les vêtements et le linge de maison, ce logo signifie que le textile ainsi produit est composé de fibres durables et de haute qualité, que les procédés de fabrication sont moins polluants, que l'utilisation de certaines substances dangereuses pour la santé humaine a été limitée ou interdite et que le textile respecte des critères sur les conditions de travail.

Pour les chaussures, ce logo signifie qu'elles contiennent moins de substances dangereuses pour la santé humaine. Lors de la fabrication, la consommation d'eau, d'énergie et la pollution de l'air ont été limitées[16]. »

– OEKO-TEX Standard 100[17]

« Ce logo vise à garantir les qualités humano-écologiques des textiles : exempts de produits toxiques pour le corps et pour l'environnement. Il a été créé par une association indépendante allemande. En France, ce label est nommé Confiance Textile[18]. »

– Fairtrade Max Havelaar France

« Les producteurs et productrices reçoivent pour leur récolte un prix minimum garanti, qui vise à couvrir les coûts de production et à leur permettre de subvenir aux besoins de leur famille. [...] Les cahiers des charges Fairtrade/Max Havelaar interdisent le travail des enfants et le travail forcé, conformément

14 https://www.global-standard.org/fr/le-referentiel.html
15 https://www.ecolabels.fr/
16 « Le revers de mon look », art. cité, p. 16.
17 https://www.oeko-tex.com/en/
18 « Le revers de mon look », art. cité, p. 16.

aux conventions de l'Organisation internationale du travail (OIT). Les bénéfices du commerce équitable (prix plus justes, formations, investissements pour la scolarité des enfants...) améliorent également à long terme les conditions de vie des familles et de la communauté tout entière. Le label Fairtrade/Max Havelaar exige le respect de critères environnementaux stricts, destinés à préserver les ressources naturelles et à protéger la santé des populations : les OGM et les substances chimiques dangereuses sont interdits. Les producteurs s'engagent à préserver les ressources naturelles notamment en optimisant l'utilisation de l'eau. Une prime supplémentaire encourage la production de coton bio[19]. »

CONSOMMER MOINS MAIS MIEUX

Il existe quelques critères qui peuvent vous guider pour habiller vos enfants à la mode éthique.

- D'abord, le **lieu de fabrication** du vêtement, une balise à ne pas négliger puisqu'il aura été produit dans le respect de normes sociales, environnementales et sanitaires garanties, même si la matière première vient souvent de très loin.
- Par ailleurs, **certaines matières sont plus neutres que d'autres**. C'est le cas du lin et du chanvre, qui sont moins gourmands en eau et en pesticides et qui peuvent même être produits localement (la France est le premier producteur mondial de lin). Il est aussi conseillé de privilégier des vêtements teints avec des **colorants naturels**.

À ce stade, on peut légitimement se poser une question : « Comment trouver pour mon enfant des vêtements qui respectent tous ces critères ? »

Sans aller jusqu'à cumuler la totalité de ces bonnes pratiques, les **marques engagées** de la mode éthique proposent des vêtements pour les plus petits qui tiennent compte des critères sanitaires, environnementaux et sociaux. Il faut souvent payer le prix, mais peut-être est-ce l'occasion de se demander si nos habitudes de consommation ne peuvent pas évoluer en consommant **moins, mais mieux** ?

---

19 https://maxhavelaarfrance.org/les-produits-fairtrade-maxhavelaar/coton-equitable/

S'il est difficile d'évaluer avec précision les écarts de prix avec les marques plus conventionnelles, cela ne fait de toute façon pas forcément sens puisque la qualité, la conception, les engagements ne sont pas les mêmes. Aussi, si vous faites le choix d'acheter neuf et éthique, il faudra sans doute prendre l'option d'acheter moins mais mieux, en vous concentrant sur le strict nécessaire pour habiller votre enfant (qui n'en demande pas plus) dans les meilleures conditions.

Mais si vous préférez fonctionner davantage à l'instinct, la seconde main est peut-être faite pour vous !

La seconde main

Si les marques et labels permettent de minimiser les impacts négatifs de nos achats de vêtements pour nos enfants, la seconde main est vue, par de nombreux experts, comme une voie à privilégier pour habiller bébé à la mode durable !

Cela ressemblerait presque à un retour de bâton… La *fast fashion* a tellement (sur)produit de vêtements ces dernières décennies que l'offre de seconde main est devenue impressionnante. Au-delà de la disponibilité de vêtements, chaussures et accessoires de seconde main en très bon état pour habiller nos enfants à bas coûts, ses atouts font trembler les géants du neuf : une offre pléthorique déjà produite, qui devient presque neutre sur le plan environnemental quand elle circule (il faut tout de même intégrer le bilan transport et emballage), sans faire tourner un modèle social intenable.

Même s'il y a un « mais », puisque, sur le plan sanitaire, les divers produits chimiques évoqués précédemment restent bien présents, eux.

LA SECONDE MAIN EN PASSE DE DÉPASSER LE NEUF ?

C'est l'enseignement du rapport 2019 de la plateforme américaine de vente de vêtements entre particuliers *Thred Up*[20] : d'ici 2023, aux États-Unis, le marché de la seconde main devrait dépasser celui du neuf pour le secteur de la mode.

Si des chiffres précis ne sont pas disponibles à l'échelle nationale en France, la courbe est aussi tournée vers la croissance pour le marché

20 https://www.thredup.com/resale

hexagonal de la seconde main. Il faut dire que l'arrivée d'acteurs comme Le Bon Coin ou encore le site spécialisé Vinted portent un secteur qui était, jusque-là, cantonné aux magasins spécialisés, vide-greniers, événements ponctuels...

D'après l'Institut français de la mode (IFM), alors que les dépenses des ménages français pour s'habiller sont en baisse année après année, le marché de la seconde main ne cesse de croître, avec un volume évalué à 1 milliard d'euros. À titre d'exemple, 30 % des Français déclarent avoir acheté un ou plusieurs vêtements d'occasion en 2019, soit deux fois plus qu'en 2010[21]. Si aucune donnée n'est disponible sur le marché spécifique de l'habillement des enfants, il y a fort à parier que, là aussi, la tendance est à la hausse pour une population qui grandit si vite que la durée d'utilisation des habits est la plupart du temps très réduite.

UNE OFFRE PLÉTHORIQUE AVEC DES AVANTAGES À TOUS LES ÉTAGES

– L'offre

L'industrie de la mode a tellement inondé le marché de vêtements neufs que nos placards débordent. Avec le développement de services entre particuliers, l'offre de seconde main est devenue très importante. C'est d'autant plus vrai pour les habits des plus petits, dont la durée d'utilisation est particulièrement courte (eh oui, ça grandit vite !).

Il y a d'ailleurs un **important réseau d'échanges informels** qui préexiste à tout le reste en ce qui concerne les vêtements pour les petits.

Pour compléter cela, des **plateformes** se sont développées afin de faciliter la mise en relation des **particuliers entre eux**. C'est par exemple le cas de Vinted, une plateforme de vente de vêtements entre particuliers qui compte plus de 8 millions d'utilisateurs en France et proposant pas moins de 400 000 articles chaque jour.

Il existe aussi de nombreux magasins de **dépôt-vente** un peu partout sur le territoire, dont une partie est spécialisée pour les enfants, ou

21 http://www.lefigaro.fr/conso/2019/01/12/20010-20190112ARTFIG00013-vetements-l-engouement-croissant-des-francais-pour-l-occasion.php

encore des friperies. Les **vide-greniers** sont aussi une bonne occasion d'habiller bébé en épargnant l'environnement et nos finances !

– **Les avantages**

Sur le plan environnemental, il s'agit en effet d'acheter des habits sans pour autant faire tourner la machine du neuf et tous ses excès. Cette option est particulièrement facile à mettre en œuvre pour les enfants en bas âge qui ne sont pas (encore) attachés à une marque ni à un héros. Au passage, c'est une bonne occasion de les habituer à autre chose que le neuf : pour eux, tout cela sera normal dans le futur !

Sur le plan des économies aussi, avantage à la seconde main pour habiller nos enfants. Voici quelques exemples de ce que l'on peut trouver sur la plateforme Vinted, frais de port inclus dans les prix :

– un ensemble de 8 bodies à manches longues pour 6,88 euros ;

– une combinaison d'hiver pour bébé à 7,28 euros ;

– un pyjama (1 an) à 3,88 euros.

La plateforme de vente entre particuliers Vide dressing[22], positionnée sur des marques haut de gamme, propose également des tarifs très attractifs pour les enfants.

Il est évident qu'avec ces niveaux de prix on peut difficilement faire mieux. C'est d'ailleurs cette carte prix qu'abattent généralement les magasins de fripes pour enfants, avec de bonnes affaires à la clé.

Donner une seconde vie

Si personne autour de vous n'est intéressé pour reprendre les vêtements qui ne vont plus à votre enfant, ne les jetez surtout pas. Le plus simple est de les déposer dans un point de collecte. Car les vêtements peuvent avoir plusieurs vies. Le site J'ai la fibre du tri recense 45 000 points de dépôt et met à disposition un moteur de recherche en fonction de votre adresse[23]. Ce petit geste aura de grands effets, puisque vos vêtements seront intégrés à des circuits

22 www.videdressing.com

23 https://www.lafibredutri.fr/je-depose

de seconde main, deviendront des chiffons, ou serviront de matière première à une industrie.

Tout comme pour les vêtements d'adulte, pensez aux associations type Emmaüs pour donner les affaires de vos enfants.

③

Passer à l'acte : acheter... ou louer ?

Ainsi, de plus en plus de parents se tournent vers la seconde main pour habiller leur bébé, avec plusieurs avantages à la clé. Il existe alors deux principales options : acheter ou louer. Voici quelques pistes pour faire du shopping chez vous ou près de chez vous à la mode éthique, mais surtout pas neuve !

Acheter depuis chez soi :

- Vinted est l'incontournable avec une offre impressionnante. Attention toutefois à privilégier des vendeurs français pour minimiser l'impact des transports.
- Vide dressing a une offre riche de seconde main, plutôt haut de gamme.
- Percentil est une boutique en ligne de vêtements de seconde main où trouver de bonnes affaires pour les enfants de 3 à 8 ans ;
- Label-Emmaüs est un site proposé par la Fondation Abbé Pierre qui propose une section de vêtements pour enfants.
- Milenvie a une offre de vêtements et de chaussures de seconde main pour enfants de 0 à 14 ans.
- Second sew est une idée originale : Camille, la fondatrice, conçoit des vêtements pour les enfants de 0 à 4 ans à partir de chutes de tissus (nappes, rideaux, fins de rouleaux...) qui sont ensuite assemblées dans un atelier d'insertion dans le nord de la France.

Acheter près de chez soi :

- les friperies,
- les vide-greniers,
- Le Bon Coin.

Louer :

C'est une option pour être sûr de ne pas se lasser et s'adapter à la croissance de l'enfant.

La location de vêtements a un autre avantage, elle ne génère qu'un impact environnemental très limité, essentiellement lié au transport.

Tale propose ainsi de « louer pour mieux s'habiller ». Pour 19 euros par mois, vous pouvez choisir trois vêtements sur la boutique en ligne avec un choix pour les enfants de la naissance à 8 ans. Cette option a plusieurs avantages : elle évite d'acheter pour une période très réduite et permet de varier les plaisirs chaque mois pour un prix abordable (comptez 7 euros le vêtement supplémentaire par mois).

TESTÉ ET APPROUVÉ : LES TÉMOIGNAGES DE SARAH ET DE SALIAH

Sarah, 27 ans, mère de trois enfants, est une adepte de la seconde main.

« Avec le premier enfant, on se laisse un peu enflammer. Dans l'euphorie d'accueillir le bébé, on achète facilement. Car d'une part cela nous rassure, et d'autre part on a l'impression que tout est nécessaire, notamment quand on n'a jamais eu de bébé autour de soi. Pour mon premier enfant, je me souviens avoir dévalisé les magasins de vêtements pour bébé alors que j'étais à 6 mois de grossesse. Après la naissance de Tristan, certains habits ont finalement gardé leur étiquette, je ne les lui ai jamais fait porter. D'ailleurs, pour les cadeaux de naissance, j'ai eu beaucoup de vêtements de toute petite taille, et je me demande encore pourquoi la taille "naissance" existe !

Je me suis aussi rendu compte que les vêtements des enfants ne s'usent vraiment pas vite avec un bébé qui est allongé ou assis toute la journée. C'est pour cela que je me suis tournée vers l'option des vêtements d'occasion. Ma motivation était double, alors : économique et écologique, même si je n'avais pas encore réalisé les ravages de la *fast fashion*.

Aujourd'hui, chaussures exceptées, mes trois enfants sont essentiellement habillés avec des vêtements d'occasion, même si je regrette qu'il n'y ait pas plus de dépôts-ventes physiques dédiés aux enfants près de chez moi. Et puis, après avoir découvert des solutions de seconde main sur Internet, il a quand même fallu que je régule mes achats car, au début, je continuais d'acheter trop, ce qui n'était pas le but. Désormais, j'achète en fonction des besoins réels de mes enfants et c'est une source importante d'économies, d'autant que je revends ce qui peut l'être quand cela ne sert plus à mes enfants [24]. »

Même son de cloche du côté de Saliah, 37 ans, mère d'Augustin, 2 ans. Pour elle, il s'agissait de tenir compte de cet enjeu avant la naissance.

« C'était un peu "tout sauf du neuf". D'ailleurs, on a établi une liste de naissance très précise pour faire connaître nos véritables besoins, et nous avons pu aller jusqu'à refuser des cadeaux en amont, car il était alors important pour nous de ne pas surconsommer dès la naissance de notre fils. Il a fallu faire pas mal de pédagogie et déconstruire des croyances – notamment l'idée que l'opulence nous rendrait heureux. Au passage, nous dépensons très très peu d'argent pour habiller notre bébé. En revanche, il faut forcément accorder un peu de temps pour se réorganiser autour de la seconde main. Mais une fois qu'on a trouvé ses nouveaux magasins ou sites, la question ne se pose plus [25]. »

TESTÉ ET APPROUVÉ : LE TÉMOIGNAGE DE VALÈRE

« J'ai commencé à écrire mon premier livre [26] quelques mois après la naissance de mon deuxième enfant, Augustin. Je m'étais alors fixé un objectif plus ambitieux que je ne l'imaginais : essayer de mettre en œuvre toutes les solutions que j'allais proposer.

En travaillant sur le chapitre "S'habiller chic et éthique", j'ai compris que j'avais de sérieuses marges de progression pour moi-même et aussi pour mon fils.

La première barrière fut pratique. Si nous partageons les tâches du quotidien avec ma compagne, elle est plus douée que moi pour les choix vestimentaires… Pas

24 Entretien réalisé le 30 juillet 2019.
25 Entretien réalisé le 02 août 2019.
26 Valère Corréard, *Changer d'ère l'air de rien. Le guide pratique pour réussir sa transition*, Éditions Rue de l'échiquier, mai 2018.

question donc de lui imposer de ne plus acheter que des vêtements éthiques pour notre fils avec pour conséquence un véritable casse-tête pour ne pas dépasser notre budget.

L'achat de seconde main en ligne a été une révélation : ma compagne a très vite réalisé la richesse de l'offre et les économies potentielles, ça a fait mouche.

Mais il faut reconnaître que, si l'offre de seconde main est très importante, on a tout de même parfois envie d'acheter neuf. Dans ce cas, nous nous sommes tournés vers certaines marques éthiques pour des pièces qui nous plaisaient vraiment et que nous pourrions revendre ou donner ensuite en bon état puisqu'il n'est plus question de gaspiller des vêtements de cette qualité. Aujourd'hui, 80 % de la garde-robe d'Augustin est donc à la mode éthique.

Après avoir testé des solutions pour habiller notre fils, la *fast fashion* n'a pas totalement disparu de nos placards, mais elle y est désormais largement marginale.

Une des conséquences positives de ce changement est l'originalité de la garde-robe. Mon fils a souvent des vêtements jamais vus, alors que nombre de ses petits copains ont fréquemment les mêmes dernières salopettes ou casquettes (malgré l'offre indécente des grandes enseignes). Et, bonne nouvelle, Augustin n'accorde pour le moment aucun intérêt ou désintérêt à porter des habits qui ont déjà été portés. Nous pensons d'ailleurs installer une habitude qui nous laisse imaginer que, même si tout sera moins facile dans quelques années, la seconde main restera pour lui un réflexe naturel.

Enfin, sur le plan budgétaire, c'est à peu près le *statu quo*. Car si la seconde main est vraiment bon marché, la mode éthique neuve est souvent plus chère. Au final, on s'y retrouve, car notre rapport aux vêtements change pour prendre de la distance avec la surconsommation. »

En résumé

- **La *fast fashion* est, en l'état, une industrie peu fréquentable qui produit beaucoup avec des conséquences sociales et environnementales catastrophiques.**
- **Cette industrie de masse est en train d'amorcer sa mutation, mais elle y a encore un long chemin à faire pour qu'on puisse parler de durabilité.**
- **Habiller bébé avec du neuf éthique, c'est possible en se référant à des marques engagées et à des labels qui garantissent l'éthique des vêtements.**
- **La seconde main ou la location de vêtements est une option intéressante sur les plans économique et environnemental.**
- **Il ne faut pas négliger l'entretien des vêtements qui peut aussi avoir des conséquences environnementales. Quelques bonnes pratiques peuvent faire la différence.**
- **Penser à recycler une fois que les vêtements sont devenus trop petits.**

Mois 6

(3e mois)

NETTOYER SON BÉBÉ ET SON LOGEMENT SANS (S') EMPOISONNER

1

Quand la propreté nous pollue

Pour réserver le meilleur des accueils à votre bébé, vous voulez que votre intérieur brille de mille feux ! Méfiance : sous des aspects attractifs, certains produits ménagers sont de véritables poisons. Comment ne pas se laisser tromper par les arguments marketing, tout en conservant un logement propre et sain ?

Des produits ménagers nocifs pour la santé

Vous avez fait briller la cheminée, dépoussiéré vos meubles, lavé le sol, récuré les toilettes... Votre intérieur vous semble rutilant et fleure bon l'eucalyptus ou la lavande. Mais, sans le savoir, vous avez probablement dispersé des substances nocives et potentiellement toxiques pour votre santé et celle de votre nourrisson.

En effet, toutes les études se suivent et se ressemblent – celles de *60 millions de consommateurs*, des instituts scientifiques ou de l'Ademe : les experts alertent sur les matières à risques contenues dans nos jolis flacons de détergents et autres produits supposés assainissants. Ces substances sont même plus nocives que les saletés que l'on supprime en astiquant son intérieur ! Parfums toxiques, ajouts polluants, nettoyants allergisants, etc. font partie de la panoplie de produits chimiques contenus dans les produits ménagers si bien emballés par les experts du marketing et vantés par les campagnes publicitaires.

Car derrière ces apparences trompeuses, se cache une tout autre réalité : 90 % des produits utilisés couramment émettent du **formaldéhyde** (substance cancérogène avérée pour l'homme), selon une étude de l'Ineris[1].

D'autres substances sont des **perturbateurs endocriniens** et certaines sont à l'origine de maladies respiratoires, d'asthme, de toux, d'irritation, de nausées, d'allergies mais aussi de vertiges, d'inflammation des muqueuses ou même de cancers. La présence de ces nombreux composés chimiques accélérerait le déclin pulmonaire des femmes (les effets ne seraient pas les mêmes sur les hommes) qui font régulièrement le ménage, selon une étude menée pendant vingt ans en Norvège et publiée dans l'*American Journal of Respiratory and Critical Care Medicine*[2] : après 20 ans de ménage régulier, les effets sont comparables à ceux causés par la consommation de 20 cigarettes (soit un paquet) par jour.

SPRAYS, ASSOUPLISSANTS ET DÉSODORISANTS

Les sprays notamment, qu'ils soient assainissants, désodorisants ou antiacariens, provoquent une pollution majeure de l'air intérieur lorsqu'on y est exposé pendant une longue durée, avance l'Ademe dans une note sur les produits ménagers[3].

La majorité contient des **composés organiques volatils** (COV) irritants, allergènes, voire toxiques pour certains.

Ces produits sont à éliminer car, loin d'assainir la maison, ils décuplent la pollution intérieure, cumulant des substances allergènes, irritantes, voire toxiques selon *60 millions de consommateurs*[4]. Ainsi, sur 46 produits passés au crible par le magazine, une majorité contient des COV – notamment le limonène, irritant et allergisant, précise l'association de consommateurs. Les marques connues de tous sont concernées : Fébrèze, Sanytol, Ajax, Ariel,

1 « Utilisation de produits ménagers et qualité de l'air intérieur : enjeux sanitaires, substances d'intérêt, bonnes pratiques », mai 2015. https://www.ineris.fr/sites/ineris.fr/files/contribution/Documents/drc-14-144018-04822b-vf1-2-1455270386.pdf

2 « Cleaning at Home and at Work in Relation to Lung Function Decline and Airway Obstruction », février 2018. https://www.atsjournals.org/doi/full/10.1164/rccm.201706-1311OC

3 « Si on faisait le ménage dans nos produits ménagers », Ademe. http://multimedia.ademe.fr/infographies/infographie_produits_menagers/index.html

4 Dans son numéro hors-série d'avril-mai 2017.

Canard, Carolin, Cif, Cillit Bang, Destop, Harpic, La Croix, Mir, Mr. Propre, Pliz, Saint-Marc...

Les **parfums chimiques**, ceux qui vous laissent penser que votre intérieur « sent bon le propre », sont ajoutés à presque tous les produits ménagers alors qu'ils sont irritants et allergènes.

Les **phtalates** sont présents dans les produits parfumés tels que les assouplissants et les désodorisants. Reconnus comme des perturbateurs endocriniens, ils ont un effet sur le système reproducteur, notamment la diminution du nombre de spermatozoïdes chez l'homme.

De même, les désodorisants intérieurs doivent faire l'objet de toutes les précautions, y compris ceux à base d'**huiles essentielles** prétendument naturels. Selon le magazine *60 millions de consommateurs*, ces ingrédients sont très allergisants et « classés dans la liste réglementaire des 26 substances parfumantes allergisantes ». Ainsi, de nombreux désodorisants intérieurs, même les plus vertueux en apparence, contiennent des substances allergisantes ou irritantes et des teneurs parfois très élevées en composés organiques volatils (COV). La plupart polluent et exposent les voies respiratoires, mais aussi la peau, à des molécules à risques.

Le marketing du vert

Il faut aussi se méfier des faux produits verts, dont la présentation et les mentions sur l'emballage laissent entendre qu'ils sont doux, naturels, respectueux de notre santé et de la planète. Ce n'est, hélas, pas toujours le cas.

NETTOYANTS MULTI-USAGES ET LINGETTES

Par ailleurs, les nettoyants multi-usages ou encore les nettoyants surpuissants sont également à bannir. Ils sont très agressifs et peuvent non seulement abîmer les surfaces nettoyées mais, plus grave, vos yeux, vos mains et vos poumons, alerte *60 millions de consommateurs*. Là encore, toutes les marques sont concernées.

Le magazine déconseille en outre l'utilisation des lingettes « imprégnées de substances toxiques » et qui ne sont ni recyclables ni compostables, et doivent donc être jetées dans la poubelle des déchets ménagers.

EAU DE JAVEL ET AUTRES DÉBOUCHEURS

Autre produit à proscrire de ses placards : l'eau de javel. Son utilisation augmente significativement le risque d'infections ORL et respiratoires chez l'enfant (sinusites, bronchites, otites, grippe, pneumonie), selon une étude publiée dans la revue *Occupational and Environmental Medicine*[5]. Sans surprise, les déboucheurs chimiques de canalisations (Destop...) sont de véritables poisons : ils contiennent des acides forts extrêmement nocifs, qui peuvent causer des brûlures de deuxième, voire parfois de troisième degré.

LAVER ÉTHIQUE

Respecter quelques principes de base pour laver votre linge vous permettra de réaliser des économies d'énergie et aura aussi un impact sur la santé et l'environnement.

- Choisissez une marque qui contient le moins de substances chimiques nocives. Pour vous y retrouver, l'écolabel européen est un repère fiable.
- Vous pouvez aussi fabriquer vous-même votre lessive avec seulement quelques ingrédients. C'est facile, économique et écologique ! Vous trouverez de nombreuses recettes en ligne. Celle proposée par la famille zéro déchet est testée et approuvée[6].
- Lavez à 30 ou 40 °C. C'est généralement tout à fait suffisant.
- Si, de surcroît, vous évitez le sèche-linge, vous ferez des économies d'énergie qui allégeront un peu vos dépenses.

Des effets délétères sur l'environnement

De fait, les produits ménagers ne sont pas uniquement dangereux pour la santé humaine, ils le sont également pour les écosystèmes.

Après utilisation, le rejet des substances chimiques entraîne une pollution de l'air et de l'eau. Car la plupart des produits d'entretien se retrouvent dans les eaux usées domestiques (liquide vaisselle, lessive, déboucheur...). Ces eaux sont ensuite acheminées vers les stations

5 « Domestic use of bleach and infections in children: a multicentre cross-sectional study », *Occupational and Environmental Medicine*, 2 avril 2015.

6 https://www.famillezerodechet.com/archives/2014/12/03/31076075.html

d'épuration, mais toutes les molécules chimiques n'y sont pas éliminées avant leur rejet dans le milieu naturel. En effet, chaque produit toxique nécessite un traitement particulier, qui est rarement réalisé car très coûteux. De nombreuses substances nocives se retrouvent ainsi dans les milieux aquatiques et provoquent d'importantes pollutions de l'eau.

Les solvants notamment, présents dans les détachants de vêtements et les lessives, contaminent les cours d'eau. La soude caustique augmente le pH des eaux, ce qui représente une menace pour la faune et la flore aquatique. Le phtalate de dibutyle (DBP), présent dans un grand nombre de produits désodorisants, est classé par l'Union européenne comme une substance très toxique pour les organismes aquatiques.

En attendant des étiquettes claires sur les composants des produits ménagers, haro sur les produits ménagers industriels si vous souhaitez préserver la santé de votre famille et l'environnement.

Existe-t-il des produits sains ?

Les spécialistes conseillent de se recentrer sur l'essentiel.

« Pour chasser les COV, les perturbateurs endocriniens et autres particules potentiellement nocives de son intérieur, il suffit de pratiquer un **nettoyage humide** des objets, du mobilier, du sol… avec un peu de savon noir si besoin mais ce n'est pas indispensable, un simple chiffon humide suffit. Le mieux est aussi de **prévenir** pour éviter de faire entrer de la poussière dans les logements. Par exemple, un enfant ne doit pas avoir ses chaussures dans la maison et *a fortiori* dans sa chambre », recommande Fabien Squinazi, membre du comité scientifique de l'Observatoire de la qualité de l'air intérieur.

Les labels pour nous aider à y voir plus clair

Certains labels peuvent aider les parents à dégoter les produits les plus sûrs. Parmi ces logos, les labels Nature & Progrès et Ecocert sont les plus exigeants vis-à-vis des industriels.

– Le sigle **Nature & Progrès** est apposé sur les produits composés essentiellement de matières végétales issues de l'agriculture biologique ou de matières minérales non pétrochimiques. Bon à savoir : le logo est attribué uniquement aux entreprises dont la gamme de produits est certifiée Nature & Progrès pour au moins 70 %.

- **Ecocert** garantit pour sa part l'absence de produits issus de la pétrochimie, un recours aux ingrédients issus de l'agriculture biologique dès que possible, et des procédés de fabrication les moins nocifs possible pour l'environnement. Le label fournit en outre des recommandations concernant l'utilisation de ses produits et incite à la réutilisation des contenants. Les plastiques non recyclables ne sont pas admis.

Les produits ainsi labellisés sont très peu présents en grande surface mais davantage dans les magasins bio.

- D'autres labels sont moins contraignants comme l'**Ecolabel européen**, qui certifie des produits partiellement biodégradables, avec un impact moindre sur le milieu aquatique et une efficacité équivalente à celle des produits traditionnels.
- Le logo **NF Environnement** est l'équivalent français de l'Ecolabel européen. Ces logos sont plus largement attribués et on trouve ces produits en grande surface. Toutefois, certains produits ménagers ainsi labellisés ne sont pas forcément sains, alerte *60 millions de consommateurs*. « Si les produits porteurs des labels Ecolabel ou Ecodétergent sont nombreux à obtenir une bonne note, certains écopent tout de même d'un score médiocre, comme les liquides multisurfaces Etamine du Lys, Apta ou Univert, notés C », indique le magazine, qui défend la nécessité d'apposer un Ménag'Score sur chaque produit.

Le Ménag'Score

60 millions de consommateurs propose le Ménag'score. Sur le même modèle que le Nutri-Score, cet indicateur note les produits ménagers de A à F et du vert au rouge, pour permettre aux consommateurs d'y voir plus clair. Le magazine a lancé une pétition pour convaincre le gouvernement de rendre cet étiquetage obligatoire. « Il ne serait pas un simple relevé de quelques substances parmi les plus problématiques, mais un calcul de risque chimique global tenant compte des menaces de chaque ingrédient pour la santé et l'environnement », explique le mensuel, édité par l'Institut national de la consommation (INC).

2

Passer à l'acte : fabriquer ses propres produits

De plus en plus de parents se tournent vers cette solution particulièrement économique et écologique. Mais avant, **un tri sélectif des produits encore présents dans les placards** s'impose. Car même des produits d'entretien non utilisés mais stockés, dont les contenants ne sont jamais parfaitement étanches, distillent dans les logements les substances chimiques qu'ils contiennent. Le mieux est donc de commencer par terminer ses produits et de s'en débarrasser progressivement avant de confectionner les vôtres.

Trois produits pour tout faire

Pour des raisons écologiques mais aussi économiques, les professionnels et ceux qui ont fait évoluer leurs habitudes privilégient les produits durables, afin de produire moins de déchets – ce qui, au passage, permet de réaliser de substantielles économies.

Pour confectionner ses produits nettoyants, trois ingrédients de base :

- Le savon noir,
- Le vinaigre blanc
- Le bicarbonate.

Ce trio permet de réaliser les recettes des produits les plus utilisés. Sachez qu'un appareil à vapeur peut se révéler particulièrement intéressant.

Ainsi, **pour nettoyer le sol**, de l'eau utilisée avec l'appareil à vapeur suffit – si besoin, on peut également passer la serpillière avec un seau contenant du savon noir.

Concernant **la salle de bains**, un bouchon de nettoyant multi-usages (dont la recette suit) conçu d'avance et versé dans un petit seau d'eau très chaude additionné d'une poignée de cristaux de soude peuvent permettre de nettoyer la salle d'eau à l'éponge, robinetteries comprises.

Le nettoyant multi-usages

2 c. à soupe de bicarbonate de soude
1 c. à soupe de vinaigre blanc
2 l d'eau chaude
Verser les ingrédients dans un bidon. Vous pouvez ajouter quelques gouttes d'huile essentielle, mais les experts appellent à la plus grande vigilance quant à l'utilisation des huiles essentielles qui peuvent être nocives. Pour que ce produit ait une odeur agréable, ajoutez plutôt quelques peaux de clémentine séchées.

Pour plus de recettes et d'astuces, le blog et le manuel conçus par la Belge Raffa[7] sont des mines d'informations et d'astuces efficaces. Le livret est téléchargeable gratuitement en ligne. Il ne vous reste plus qu'à vous doter de savon noir et de vinaigre blanc puis de suivre les bons conseils !

Même les structures collectives font évoluer leurs pratiques, encouragées notamment par l'association Écolo crèche. Ce premier label consacré à la petite enfance, reconnu par le ministère des Familles, de l'Enfance et des Droits des femmes, est délivré aux crèches qui s'engagent dans une démarche écologique.

L'un des premiers enseignements du réseau est ainsi de former les professionnels de la petite enfance à fabriquer leurs produits d'entretien. Outre un gain financier et une baisse drastique de la quantité de déchets produits, ces nouvelles pratiques permettent de garder les nourrissons et le personnel en meilleure santé. Le réseau constate en

7 Raffa, *Le Grand Ménage : mes recettes pour une maison propre naturellement*, Soliflor, 2018. http://ddata.over-blog.com/xxxyyy/0/07/93/58/livret/version-ecran-hln.pdf

effet une chute des taux d'absentéisme (de 54 % en moyenne pour les enfants et de 36 % pour le personnel) et une réduction des maladies respiratoires et des réactions cutanées.

TESTÉ ET APPROUVÉ : LE TÉMOIGNAGE DE MATHILDE

« Dans le cadre de mon expérience de boycott des grandes surfaces, j'avais dû mettre la main à la pâte pour concevoir mes propres produits ménagers, car il était impossible de les trouver en dehors de ces sacro-saints temples de la consommation. Et le succès fut au rendez-vous.

À commencer par la **lessive**, fabriquée avec des produits de base.

La recette

Faire bouillir 1,5 l d'eau

Ajouter 3 c. à soupe de pastilles de savon (je les avais achetées auprès du savonnier artisanal marseillais La Licorne) et quelques gouttes d'huile essentielle (lavande ou citron) si l'on veut.

Transférer dans un flacon puis attendre qu'il refroidisse avant de l'utiliser.

Les vêtements sont propres et les taches, même persistantes, ne résistent pas.

Bon à savoir : l'efficacité est amplifiée par l'ajout de 2 balles en caoutchouc dans le tambour de la machine. Le coût de cette recette est un atout indéniable puisque j'ai pu faire pour plus d'un an de lessive avec un seul sachet de pastille de savon acheté… 6,50 euros. D'après mes calculs, cette solution revient ainsi 100 fois moins cher que d'utiliser des produits industriels. Le seul inconvénient est que les habits ne sentent pas aussi bon qu'avec une lessive industrielle, mais lorsque l'on connaît les effets de ces odeurs agréables, on s'en passe facilement.

Le **produit multi-usage,** pour tout nettoyer dans la maison.

La recette

2 c. à soupe de bicarbonate de soude

2 l d'eau chaude

Ajouter 1 c. à soupe de vinaigre blanc.

Verser dans un bidon.

On peut y ajouter quelques gouttes d'huile essentielle.

– **Pour retirer le calcaire**

Enduire la tuyauterie, les vasques, la douche, en fait, tout ce qui est recouvert de calcaire, avec un tissu imbibé de vinaigre blanc chauffé. Laisser reposer sur les surfaces ainsi recouvertes. Au bout de dix minutes, retirer le produit avec une éponge, sans se démonter le bras à frotter !

– **Pour nettoyer son four**

Mélanger du vinaigre blanc en quantité et y ajouter du bicarbonate de soude. Puis remuer à l'aide d'une spatule pour que le mélange se transforme en une pâte. Étaler ensuite ce produit sur les parois du four et glisser un plat rempli d'eau dans le four chauffé à 100 degrés pendant 30 minutes environ. L'eau du plat s'évapore et permet ainsi de répartir la pâte nettoyante dans tout le four. Une fois le temps écoulé, passer l'éponge dans le four. La graisse est ainsi facilement retirée et le four brille.

– **Pour déboucher un évier**

Verser un verre de bicarbonate de soude dans le tuyau bouché puis deux tasses d'eau bouillante. Si le problème persiste, remplacer l'eau par un verre de vinaigre, puis bloquer la bonde. Là, une réaction chimique se produit avec quelques pétillements, signe de l'efficacité de la méthode : le bouchon de crasse est dissous et le lavabo débouché.

– **Pour faire son liquide vaisselle**

Mélanger un demi-litre d'eau chaude à un demi-verre de savon noir. Ajouter une cuillerée à soupe de bicarbonate et un demi-verre de vinaigre blanc.

Je continue à faire certaines de ces recettes, en revanche, je n'ai pas persévéré dans la fabrication de mes produits cosmétiques. Sur ce point, mon expérience n'a pas été concluante : la crème hydratante était tellement grasse que ma peau mettait des heures à l'assimiler ! Quant au liniment, là encore le test n'a pas été complètement probant. La texture obtenue à base d'huile d'olive et d'eau de chaux était très dense et grasse et… je ne l'ai pas utilisé longtemps ! Bien que décevante, cette expérience m'a toutefois permis de me rendre compte de la nécessité de prêter une attention toute particulière aux ingrédients qui composent les produits utilisés et de me concentrer sur les produits les plus simples. »

3

Les produits de soin pour bébé

Des cosmétiques inutiles…

Pour laver votre enfant et qu'il sente « bon le bébé », gare aux cosmétiques dédiés : là aussi, les industriels se montrent imaginatifs pour mieux vendre. Sous des aspects attractifs, certains produits sont de véritables poisons.

Tous les conseils des professionnels convergent ainsi pour inciter les parents à limiter leurs achats de produits de soin pour leur nourrisson en analysant leurs réels besoins.

« Par exemple, un bébé n'a surtout pas besoin de parfum, un nourrisson sent naturellement bon. Pour le laver, un gant et de l'eau suffisent. Si les parents souhaitent se procurer des produits cosmétiques, il faut être vigilant sur leur composition et toujours privilégier ceux dont la liste d'ingrédients est la plus restreinte. Il faut que les gens apprennent à lire les étiquettes ! » indique Olivier Toma, fondateur de Primum Non Nocere, société qui conseille les établissements de santé dans leurs achats pour éviter les perturbateurs endocriniens.

Les lingettes jetables sont également pointées du doigt. Il faut les éviter, sauf pour dépanner lors de déplacements. L'ONG Women in Europe for a Common Future (WECF) préconise d'éviter les eaux nettoyantes et eaux de toilette, non indispensables, d'utiliser de l'eau du robinet sauf lorsque celle-ci est déconseillée à la consommation pour des raisons sanitaires, et de privilégier les produits sans parfum ainsi que les produits contenant peu d'ingrédients.

De l'eau et du savon

Marie, puéricultrice en PMI (Protection Maternelle et Infantile), le déplore : « On se bat contre les boîtes cadeaux remplies de produits, on ne les accepte pas. Les nourrissons n'ont pas besoin de toute une panoplie de produits cosmétiques. De l'eau et un savon appliqué avec un gant ou du coton conviennent parfaitement. Il est préférable de choisir le savon le plus neutre possible, sans parfum. Nous voyons beaucoup de parents qui continuent à utiliser du liniment pour nettoyer les fesses de leurs enfants. Or ce produit doit être utilisé seulement après la naissance, lorsque les premières selles – le méconium – sont très collantes et difficiles à retirer. Mais sinon, il n'y a aucune utilité à mettre de l'huile sur les fesses d'un bébé pour les lui nettoyer ! Cela ne nettoie pas et ça colle même les bactéries. »

… et préjudiciables à leur santé

Les rayons de cosmétiques pour bébés sont de plus en plus fournis. On y trouve des crèmes en tous genres pour les nourrissons, des shampooings « relaxants », des « eaux de senteur », des lingettes « sensitives », « soft and care » ou des « gels intimes pour petites filles » ! Tous ces produits affichent de multiples promesses : « protège la peau des bébés », « testé cliniquement », « formulé sous contrôle médical », etc. Mais derrière ces slogans publicitaires se cache une tout autre réalité.

Contrairement aux médicaments, les cosmétiques ne sont pas soumis à une autorisation de mise sur le marché. La commercialisation de ces produits s'effectue donc sous la seule responsabilité du fabricant. Or les cosmétiques pour bébés contiennent beaucoup de perturbateurs endocriniens, prévient André Cicolella, toxicologue. Ces substances chimiques provoquent des désordres hormonaux et sont responsables de maladies chroniques et de troubles de la fertilité, alerte le président et fondateur de l'association Réseau Environnement Santé, à l'origine de l'interdiction du bisphénol A dans la fabrication des biberons.

Même mise en garde de l'Organisation non gouvernementale Women in Europe for a Common Future (WECF)[8]. Après l'analyse scrupuleuse de 341 produits pour bébé – des laits de toilette, lotions, shampoings, produits pour le bain, liniments, lingettes, eaux nettoyantes, eaux de toilette ou laits solaires – vendus sur le marché français en pharmacies, parapharmacies, supermarchés et magasins biologiques, l'ONG conclut que 299 de ces cosmétiques pour nourrisson comportent encore trop de substances chimiques potentiellement dangereuses ou allergènes. Or la peau des tout-petits n'est pas encore mature et la barrière protectrice de leur peau est très fragile. L'ONG ajoute que « la zone du siège, milieu humide occlusif et chaud, est particulièrement sensible, car elle favorise l'absorption des substances par voie cutanée ».

Les auteurs de l'étude conseillent ainsi aux parents de limiter l'usage de ces produits cosmétiques et d'éviter le plus possible les produits parfumés. Ils peuvent aussi privilégier les produits certifiés bio et/ou ceux couronnés de la mention Slow Cosmétique.

LES OUTILS POUR VOUS AIDER À DÉCRYPTER LES ÉTIQUETTES

– Le label **Nature et Progrès** est l'un des plus exigeants et des plus difficiles à décrocher.

– Le label **Cosmos organic** est, quant à lui, un signe européen mis en place depuis 2017, souvent affiché sous les logos Ecocert ou Cosmébio. L'objectif est de certifier les produits avec des normes communes en Europe. Ce logo est plus restrictif : il garantit par exemple que 95 % du produit est composé d'ingrédients naturels, que 95 % des ingrédients se disant bio le sont, et que le produit contient au minimum 20 % d'ingrédients bio.

– Concernant les cosmétiques, plusieurs applications décryptent également les étiquettes et identifient notamment les produits qui contiennent des perturbateurs endocriniens, à l'image de **Clean Beauty** créée par le laboratoire Officine. Cette appli photographie la liste des ingrédients d'un produit et les analyse avec un système de reconnaissance graphique.

---

8 « Cosmétiques bébés : encore trop de substances préoccupantes », Women in Europe for a Common Future (WECF), février 2016. https://wecf-france.org/wp-content/uploads/2019/01/15_02_2016_rapport_cosmetiques_light.pdf

– De son côté, l'association UFC-Que Choisir a sorti sa propre application, **QuelCosmetic**, qui analyse les ingrédients des produits cosmétiques du quotidien. L'application classe les produits par catégories (déodorants et parfums, produits solaires, maquillage, produits pour bébés et enfants…), puis par produits à risques ou produits sans risque. L'application permet également de scanner le code-barres d'un produit pour déceler d'éventuelles substances nocives.
– **Yuka**, l'application nutritionnelle, propose également de décrypter les étiquettes des produits cosmétiques, tout comme **INCI Beauty** ou **Cosmethics**.
– Quant à l'application **Pharmapocket**, elle cible un type de produits bien précis : les cosmétiques disponibles en vente libre dans les pharmacies.

En résumé

- **Une majorité de produits ménagers commercialisés est toxique. Les produits contiennent des perturbateurs endocriniens, des composés organiques volatils (COV) nocifs pour la santé et les écosystèmes.**
- **Faire ses produits ménagers est une solution simple, écologique, saine et économique.**
- **Les trop nombreux cosmétiques pour bébé sont inutiles et même préjudiciables à leur santé. De l'eau et un simple savon suffisent pour laver les nourrissons. Il faut bannir les produits avec des parfums ajoutés, privilégier ceux qui contiennent peu d'ingrédients et repérer les labels officiels comme Nature et Progrès. Enfin, s'armer d'applications pour mieux décrypter les étiquettes.**

Mois 7

(4e mois)

FAIRE GARDER BÉBÉ EN MODE ÉCOLO, MODE D'EMPLOI

①

Les modes de garde n'échappent pas aux enjeux écologiques

Quelle place pour l'écologie quand on fait garder bébé ?

Pour de nombreux parents, la question de la garde de leur bébé est un enjeu majeur. Reprise du travail oblige, le temps est compté. Alors, très souvent, plus les semaines passent et moins on fait la fine bouche, moins on pose de conditions, quitte à mettre de côté ses convictions... On est déjà bien contents d'avoir une solution !

Car lorsqu'on ne peut pas garder ses enfants soi-même, on a devant soi de nombreuses options, plus ou moins accessibles selon l'endroit où l'on vit.

Parfois, c'est la bonne surprise : l'écologie est au cœur du projet de l'établissement ou de l'assistant maternel.

Mais dans certains cas, pas question de laisser ses convictions sur le palier de la crèche ou de la nounou, quitte à créer une association avec d'autres parents.

De manière générale, le cadre réglementaire qui régit les lieux d'accueil des enfants n'est pas très exigeant quand il s'agit d'écologie. Pourtant, nos chérubins vont parfois passer le plus clair de leur temps chez un assistant maternel, dans une halte-garderie ou une crèche. Alors autant faire les meilleurs choix possibles.

Heureusement, les temps changent, et des labels, des initiatives et des évolutions commencent à jouer une autre musique, pour le plaisir des petits et des grands !

Quels sont les différents modes de garde en France ?

Si la tendance est à la baisse depuis quelques années, la France reste le pays le plus fécond d'Europe avec plus de 700 000 naissances par an. Très rapidement, pour une partie des parents (40 %), il devient indispensable de trouver un mode de garde pour, au total, 2,2 millions d'enfants de moins de 3 ans recensés en France en janvier 2018. C'est d'ailleurs un peu la question qui occupe les conversations entre jeunes parents : « Et vous, vous allez faire comment quand tu reprendras le travail ? »

Dans la galaxie des options de garde possibles, on distingue généralement les modes d'accueil collectifs des modes d'accueil individuels[1].

LES MODES D'ACCUEIL COLLECTIFS

- Les **assistantes maternelles agréées** sont près de 300 000 en France. Elles sont directement employées par les parents, et choisies dans 19 % des cas, ce qui en fait le premier mode d'accueil collectif.
- Viennent juste après les **crèches** et **haltes-garderies** pour 13 % des enfants. L'école est aussi de la partie dans ce qu'on appelle la toute petite section, à hauteur de 3 %.
- Enfin, il existe des **crèches associatives parentales** gérées directement par les familles, qui prennent elles-mêmes les décisions et orientations de gestion. Très souvent, l'écologie est un thème privilégié pour ces crèches de petite taille.

LES MODES D'ACCUEIL INDIVIDUELS

Ce sont les parents qui s'occupent le plus souvent de leur enfant de moins 3 ans : ce choix est fait pour 61 % d'entre eux. D'autres membres de la famille peuvent aussi être mis à contribution, comme les grands-parents

1 Les chiffres de ce paragraphe sont issus de l'enquête « Modes de garde et d'accueil des jeunes enfants », Drees (Direction de la recherche, des études, de l'évaluation et des statistiques), 2013.

ou la famille (3 %), et dans certains cas, une baby-sitter à domicile : c'est le choix effectué pour 1 % des enfants.

À moins que vous le gardiez chez vous ou que vous le fassiez garder par un proche, l'enfant qui fait partie du 39 % restants va donc passer le plus clair de son temps de la semaine dans un environnement qui n'est pas le vôtre, avec une place accordée à l'écologie variable selon les cas, compte tenu du cadre juridique actuel qui n'est pas vraiment centré sur le développement durable.

Un cadre légal avant tout centré sur l'hygiène et la sécurité

En France, le cadre juridique pour ouvrir un lieu d'accueil de jeunes enfants met l'accent sur l'hygiène et la sécurité, ce qui est absolument essentiel, on le conçoit. La question du développement durable est en revanche encore très peu abordée, avec une conséquence immédiate : pour que l'écologie soit vraiment au rendez-vous, tout dépendra de l'assistant maternel ou de la crèche.

Ainsi, l'objectif général est que les services de protection maternelle et infantile soient en mesure de « s'assurer que les conditions d'accueil réservées aux enfants garantissent leur santé, leur sécurité, leur bien-être et leur développement, tant physique, cognitif et social qu'affectif et émotionnel[2] ». Côté mise en œuvre, les principales règles concernent le bâtiment, les conditions dans lesquelles les enfants vont se déplacer, ce à quoi ils vont avoir accès, le type de matériel, l'alimentation mais aussi l'encadrement des professionnels et le nombre d'enfants par adulte. Bref, tout ce qu'il faut pour que nos enfants évoluent dans des conditions sécures.

Il y a bien quelques règles qui tiennent compte des enjeux durables, en lien avec la santé. Par exemple, une Directive européenne[3] fixe la teneur totale maximale en COV (composés organiques volatils) des peintures et vernis. Les COV sont en effet susceptibles d'avoir des effets sur la santé des petits comme des grands.

---

2 « Les établissements d'accueil des jeunes enfants », *Guide ministériel à l'intention des services de protection maternelle et infantile*, ministère de la Famille, de l'Enfance et des droits des femmes, avril 2017, p. 7.

3 2004/42/CE (Directive Decopaint)

Toujours sur la qualité de l'air, un dispositif réglementaire[4] récent prévoit la mise en place d'une procédure de surveillance de la qualité de l'air intérieur des lieux accueillant des enfants, mais uniquement pour les établissements d'accueil collectifs. Une avancée lorsqu'on apprend qu'une étude de l'Association santé environnement France a détecté des molécules peu fréquentables dans de nombreuses crèches parisiennes (considérons que les crèches parisiennes ne sont pas singulières de ce point de vue) :

- du benzène, utilisé pour fabriquer du plastique, il est cancérogène ;
- du formaldéhyde, un irritant considéré comme cancérogène que l'on trouve dans les meubles, les vernis, certains sols ou détergents ;
- des phtalates, présents dans les plastiques.

Les enjeux de développement durable n'étant clairement pas une priorité de la législation française, nos enfants, lorsque nous devons les faire garder, ne seront pas tous logés à la même enseigne puisque tout dépend en l'état de la volonté des structures d'accueil.

Cette situation peut dans certains cas être frustrante, notamment pour des parents très attachés à ce que leur bébé évolue dans le contexte le plus écoresponsable possible. Cette attente est légitime pour leur enfant, mais elle répond aussi à un enjeu collectif de taille.

Car il est souvent difficile pour une famille de trouver un lieu d'accueil qui réponde à tous ses critères. Il n'est pas rare de devoir faire des compromis dans un cadre où les places sont chères. Cette situation d'offre inférieure à la demande ne pousse pas la majorité des acteurs à se distinguer dans un contexte concurrentiel où l'argument écologique n'a pas une place centrale.

Pourtant, il y aurait de nombreux avantages pour les professionnels de la petite enfance à s'inscrire dans une démarche écoresponsable. Pour Claire Grolleau, présidente de l'association Label Vie et du réseau des Écolo Crèche, on constaterait « une réduction de la consommation d'eau et d'énergie, mais aussi la baisse de l'absentéisme des professionnels ainsi que la baisse de l'absentéisme des enfants. Lorsque l'on cumule toutes les économies réalisées par ces écogestes pour un mieux-être des professionnels et des enfants, cela représente entre 600 et 12 000 euros par an ».

---

4 Ministère de l'Environnement, de l'Énergie et de la Mer.

Malgré ces arguments économiques, il n'est pas exagéré d'affirmer que les gestionnaires n'ont majoritairement pas entamé leur transition écologique. Cependant, si la dynamique n'est pas encore collective, il existe de nombreux acteurs qui font du durable pour les plus petits un projet à part entière.

Faire garder son bébé en mode écolo : un levier d'action important pour l'environnement

Si l'on se concentre sur les modes d'accueil collectifs des enfants de moins de 3 ans, quelque 770 000 petits sont entre les mains de crèches, haltes-garderies, écoles ou assistants maternels. Cela représente quantitativement un nombre impressionnant de couches, repas, produits ménagers, équipements, jouets et autres consommables. Aussi, engager un mouvement de transition des acteurs de la petite enfance permettrait de minimiser considérablement l'impact environnemental de cette période de la vie humaine. En particulier pour les couches : un enfant a besoin de quelque 4 500 couches jusqu'à ses 3 ans (cf. chapitre 5 du présent ouvrage), et si l'on considère qu'il passe 8 heures par jour « gardé », du lundi au vendredi 10 mois par an, cela signifie qu'il passe environ 25 % du temps en dehors de sa maison. Si l'ensemble des acteurs accueillant des enfants de 3 ans passait à l'option couches lavables, 874 millions de couches jetables pourraient ainsi être remplacées par une alternative plus vertueuse sur le plan écologique et économique, en particulier dans un cadre collectif.

Cette démonstration avec la couche en exemple pourrait se faire avec les repas servis sur place (locaux et raisonnables sur la viande), les jouets (plutôt en bois qu'en plastique) ou encore les produits ménagers (avec un label fiable). D'ailleurs, pour Claire Grolleau, à l'initiative du label Écolo-crèche, un gestionnaire de crèche qui s'engage dans une démarche écoresponsable endosse un enjeu de responsabilité.

2

L'écologie au cœur du projet de garde : une offre encore disparate

Mettre l'écologie au cœur de la démarche d'accueil des enfants en bas âge est un enjeu pour les parents, les enfants et les professionnels de la petite enfance. Actuellement, en France, la place faite à la sobriété, au durable et au rapport à la nature n'est pas la même d'un établissement à l'autre. Il y aurait pourtant des bénéfices à en tirer pour toutes les parties prenantes.

Les bénéfices

POUR LES PARENTS

Lorsque de jeunes parents confient leur enfant à une nounou ou à une crèche, ils sont confrontés à une organisation, à des méthodes, à des outils qui ne sont peut-être pas les mêmes que ceux qu'ils sont en train de mettre en place chez eux.

Il s'agit d'un point à ne pas négliger : le cadre parental dans lequel le nouveau-né évolue est encore en mouvement, tout n'est pas calé ni cadré, ce qui peut laisser davantage de porosité à des injonctions, méthodes et outils externes. Ainsi, un établissement qui aurait mis en place un circuit d'approvisionnement alimentaire bio ou raisonné et local, qui en ferait un argument commercial et qui, par conséquent, le ferait savoir pourrait interroger des parents qui n'ont pas ces habitudes alimentaires.

De la même manière, l'utilisation par une assistante maternelle de jouets majoritairement en bois, ou issus d'une production écoresponsable, qui informerait de jeunes parents de son engagement et des raisons qui l'ont poussée à faire ces choix pourrait sans doute remettre en question les pratiques familiales en place.

On peut donc considérer que les choix écologiques du lieu d'accueil des jeunes enfants sont prescripteurs à l'égard des parents en quête du meilleur pour leur bébé.

POUR LES ENFANTS

Si le cadre dans lequel ils évoluent est fait d'apprentissages en lien avec la nature, d'alimentation locale de saison, de couches lavables et d'économies d'énergie, ils feront avec et seront *a minima* tout aussi heureux que les enfants de la crèche d'en face.

Il y aura peut-être une différence notable tout de même : le fait d'être moins exposés à des détergents agressifs, des COV et des matières à base de plastique leur épargnera quelques allergies et autres irritations, si ce n'est pire.

POUR LES EMPLOYÉS

Il peut s'agir d'un argument commercial pour une entreprise privée, d'un choix politique dans le cas des lieux d'accueil gérés par des collectivités, d'un parti pris pour une structure associative ou un professionnel. Quel que soit le contexte, lorsqu'une démarche durable est engagée, c'est le personnel qui va donner vie à ce projet et qui va aussi pouvoir en tirer des bénéfices, notamment du point de vue de la gratification mais aussi de la qualité des conditions de travail.

Les initiatives existantes

Puisque le cadre réglementaire n'a pas institutionnalisé l'écologie dans les conditions d'accueil des jeunes enfants, voyons les initiatives et les solutions existantes qui peuvent vous guider si vous avez le choix.

LES CRÈCHES PARENTALES ASSOCIATIVES

Il semble que ce type d'initiatives soit en plein essor en France. Il s'agit de structures associatives dont les parents des enfants inscrits sont membres. Ainsi, le projet de la crèche, ses activités pédagogiques, les conditions d'encadrement sont décidées par les parents eux-mêmes. Il s'agit généralement de petites structures favorables à la mise en place d'un projet tourné vers l'écologie, fréquemment mise au cœur du projet.

Si l'équipe qui encadre la crèche au quotidien est composée de professionnels, les parents sont eux aussi mis à contribution, qu'il s'agisse d'assurer des heures de permanence ou d'épauler les salariés dans les missions courantes (ménage, jeux, cantine...). Ce modèle favorise la coopération entre les professionnels et les parents, ce qui facilite la mise en œuvre de démarches durables.

En général, le prix est à peu près similaire à celui d'une crèche municipale, une fois les différentes aides déduites.

LE LABEL ÉCOLO-CRÈCHE, UN RÉSEAU DE CRÈCHES ENGAGÉES

Porté par l'association Label Vie, le label Écolo-crèche est devenu une référence en quelques années d'existence. Il peut être obtenu par des crèches qui affirment avant tout un engagement écocitoyen visant à améliorer la qualité de vie des enfants, du personnel et à réduire son impact sur l'environnement.

À l'heure où nous rédigeons ce livre, environ 500 crèches sont engagées dans la démarche du label en France. Sur le terrain : « repas de saison à base de produits locaux et bio, produits d'entretien faits maison ou soigneusement sélectionnés pour limiter l'impact des substances toxiques, matériaux durables, réflexions antigaspillage, activités créatives proposées aux enfants, jardins d'éveil, maintien d'espaces naturels à l'extérieur...[5] ».

5 Plaquette de présentation « Démarche Écolo-crèche », p. 3.

D'après l'association, les résultats des crèches engagées dans ce processus de transition sont au rendez-vous, et les chiffres communiqués semblent effectivement le démontrer : jusqu'à 75 % d'économie d'eau, une facture d'énergie réduite de 68 % dans le meilleur des cas, et une baisse de l'absentéisme du personnel qui peut atteindre 80 %[6].

En pratique, dans la crèche municipale des Petits Poucets de Rueil-Malmaison, en région parisienne, les agents de la crèche ont été formés à la fabrication des produits ménagers. « Nous fabriquons notre lessive, notre liniment utilisé pour nettoyer les fesses des bébés lors des changes ainsi que nos pastilles de lave-vaisselle et les produits désinfectants. Nous avons également acheté deux nettoyeurs vapeur », indique Florence Vannereau, directrice de la structure qui organise régulièrement des ateliers pour enseigner leurs nouvelles pratiques aux parents. Puis l'établissement est allé progressivement plus loin en fabriquant par exemple la pâte à modeler utilisée par les enfants, en réutilisant les cartons pour en faire des boîtes de rangement... Outre un gain financier et une baisse drastique de la quantité de déchets produits, ces nouvelles pratiques ont engendré une chute des taux d'absentéisme des bébés et du personnel.

L'ÉCO-ACCUEIL PETITE ENFANCE

L'association Label Vie a pris l'initiative d'une formation dédiée aux assistants maternels agréés désirant s'engager dans une démarche de développement durable.

Une formation de trois ans est proposée afin d'accompagner ces professionnels de la petite enfance dans leur activité de garde. Au programme, comment s'engager dans la démarche, diagnostic et rédaction d'un plan d'action, activités écologiques avec les enfants, produits d'entretien et corporels écoresponsables, alimentation durable...

À la clé, des bénéfices proches de ceux du réseau Écolo-crèche et une démarche que de plus en plus de jeunes parents devraient apprécier.

---

6 Chiffres communiqués par l'association sur la base d'études effectuées en 2018.

③

Passer à l'acte : choisir quand on peut, argumenter le reste du temps

Si vous avez à cœur de faire garder votre enfant dans un cadre où le développement durable a toute sa place, il ne faut pas vous faire d'illusion : cela ne sera pas forcément évident. Il existe néanmoins quelques pistes pour mettre toutes les chances de votre côté.

D'abord, bien sûr, tournez-vous vers des acteurs qui font de l'écologie un projet central, et ouvrez le dialogue avec vos interlocuteurs pour essayer de les mobiliser.

Si c'est une collectivité qui gère ou délègue l'accueil de votre enfant, il est probable que vos élus seront réceptifs à vos revendications, surtout si elles sont collectives et que vous êtes plusieurs familles à les porter.

Se tourner vers des acteurs qui font (déjà) de l'écologie un projet central

Il faut bien le reconnaître, le contexte actuel met souvent en position de force les acteurs de la petite enfance face aux attentes des parents sur les conditions de garde de leurs enfants. Pour Claire Grolleau, écotoxicologue, présidente de l'association Label Vie[7], « ce n'est pas

---

7 À l'initiative du label Écolo-crèche notamment.

très difficile pour un professionnel de remplir une crèche. Donc il n'a pas besoin de faire un effort d'écoresponsabilité. Cependant, les parents sont de plus en plus informés et de plus en plus exigeants vis-à-vis de ces lieux d'accueil. Dans le secteur lucratif, il s'agit aussi d'un positionnement par rapport à la concurrence, qui peut amener des familles à choisir l'une plutôt que l'autre au regard d'un projet pédagogique ou environnemental ».

Il y a donc des motivations diverses selon les acteurs et une tendance de fond qui semble se dessiner. Reste que, à ce stade, l'écologie au cœur du projet d'accueil est plutôt l'exception que la règle.

LES INITIATIVES INDIVIDUELLES

Il ne faut pas hésiter à anticiper le plus tôt possible le moment où vous devrez confier votre bébé, si vous ne pouvez pas le garder les premières années ou si vous souhaitez retourner à vos activités professionnelles (et il n'y a pas de quoi culpabiliser !).

– Si l'écologie vous tient à cœur, mieux vaut commencer très tôt vos recherches en vous renseignant sur la **politique des crèches de votre commune** – elles ont souvent des sites Internet et ne manquent pas de faire la promotion de leurs engagements –, ou en contactant des **assistants maternels de votre commune** afin de découvrir leur vision des choses, car c'est probablement avec ces acteurs qu'il vous sera le plus difficile d'obtenir des informations.

– Certaines **nounous indépendantes** sont aussi engagées, mais il ne sera possible de le savoir qu'après une première rencontre. Par exemple, Adeline garde à leur domicile des enfants, et fait du cas par cas. Elle propose d'intégrer progressivement le développement durable auprès des enfants qu'elle garde en fonction des activités, de leur âge mais aussi de la culture familiale à ce sujet. La jeune femme de 41 ans reconnaît volontiers : « L'écologie fait partie de moi, pour autant j'essaie de ne pas l'imposer mais plutôt d'initier les enfants qui sont les futurs responsables de la planète. » Cette nounou apprend ainsi aux enfants qu'elle garde à se laver les mains avec de l'eau et non avec des lingettes jetables ; « lorsque nous sommes en promenade et que je ramasse un papier par terre, les enfants suivent spontanément ; lorsque je suis avec des enfants qui passent beaucoup de temps devant les écrans, je choisis de leur faire découvrir la nature, et même lorsque je mange avec eux, je leur explique pourquoi j'ai fait le choix de ne pas manger de viande ». Adeline assure que cela n'engendre pas de difficultés avec les parents, même ceux qui ne sont pas particulièrement sensibles à l'écologie – tout au plus « de l'échange et du débat, mais pas de frictions ».

LES RÉSEAUX DE CRÈCHES DURABLES

Difficile de savoir ce qu'il en est vraiment, mais la communication oblige à rendre des comptes. On peut donc partir du principe que les établissements qui font du développement durable un argument fort ne peuvent en rester là.

– **Agapi**[8] est un réseau de crèches en Île-de-France. Il affirme être « une entreprise qui s'engage pour le développement durable ». Les engagements de ses crèches sont clairs : alimentation 100 % bio, efficacité énergétique, bâtiments éco-conçus, choix de prestataires engagés, mobilier respectueux de l'environnement, démarche de limitation des déchets...

– **Nos petits pouces**[9] gère six crèches en Haute-Savoie, huit en Loire-Atlantique. Sur son site Internet, le réseau indique que le fonctionnement est autant que possible respectueux de l'environnement, avec plusieurs actions concrètes mises en place dans les établissements, telles que des repas préparés à base de produits de saison, locaux et issus de l'agriculture biologique, des draps et alèses en coton bio, des jouets et des meubles en bois avec une peinture non toxique, l'utilisation de produits de toilette 100 % bio ou encore l'utilisation de produits d'entretien biodégradables.

– De taille importante, le réseau de crèches **La maison bleue**[10] gère en effet 1 300 établissements et évoque l'environnement comme l'un des quatre piliers de sa politique. Parmi les actions mises en avant, figure notamment le fait de « prendre soin des ressources naturelles (eau, énergie, gaspillage, bionettoyage, etc.), développer une politique

8 www.agapi.fr
9 www.nospetitspouces.com
10 www.la-maison-bleue.fr

d'achat durable (bois issus de forêts éco-gérées, produits bio, etc.) et promouvoir la biodiversité, garantir la gestion des déchets et veiller au recyclage, réduire son empreinte écologique (construction durable, approvisionnement des crèches, etc.) ».

– À des niveaux divers, de nombreux établissements qui font partie du réseau **Écolo-crèche**[11] ont un positionnement similaire sur les engagements écologiques. L'association Label Vie propose une carte en ligne sur son site Internet qui répertorie les établissements labellisés ou en cours de labellisation.

LES COLLECTIVITÉS

Certaines communes ont déjà fait le choix politique d'intégrer les enjeux de développement durable dans les crèches qu'elles gèrent ou font gérer pour leur compte. La montée en puissance des attentes de la part des administrés à ce sujet est d'ailleurs un facteur qui peut contribuer à cette tendance.

« La gestion des établissements d'accueil collectif relève pour l'essentiel des collectivités territoriales (principalement les communes) ou des associations relevant de la loi de 1901. Les autres organismes potentiellement gestionnaires, notamment les caisses d'allocations familiales (CAF), les organismes privés à but lucratif, les mutuelles ou les comités d'entreprise interviennent beaucoup plus rarement dans ce domaine[12]. » Et certaines communes assument une politique volontariste pour leurs crèches, où l'écologie trouve sa place dans l'offre d'accueil.

Ainsi, à Paris, le bio et le durable représenteraient 70 % de l'alimentation des enfants dans les établissements municipaux de la petite enfance. Ces produits cuisinés proviennent de filières bio et locales. La priorité est donnée au « fait maison » et aux fruits et légumes de saison.

Du côté de la ville de Grenoble, le règlement de fonctionnement des établissements d'accueil du jeune enfant du CCAS de la ville indique que l'utilisation des couches lavables est possible suivant les établissements,

---

11 www.ecolo-creche.fr

12 www.collectivites-locales.fr

après concertation avec le (la) responsable. À Gruissan (Aude), la commune a instauré « le menu du mercredi », élaboré sans viande ni poisson, en fonction des produits écologiques et géographiquement les plus proches proposés par le fournisseur.

Une décision intéressante a également été prise à l'échelle de l'agglomération du Grand Périgueux (15 crèches), en partenariat avec l'Agence régionale de santé (ARS) : passer au nettoyage écologique. Depuis fin 2018, les produits chimiques ont ainsi été remplacés par des produits naturels pour faire le ménage (vinaigre de vin blanc, savon noir, bicarbonate...) ou écocertifiés, opération menée après une phase de test et des études bactériologiques concluantes. Au total, 200 agents ont été formés pour passer au ménage écologique !

Vous avez un pouvoir

Il ne faut pas hésiter à se renseigner sur la politique de votre commune pour ce qui concerne les conditions d'accueil de la petite enfance : c'est aussi à ce niveau que les choix peuvent faire évoluer les pratiques.

Échanger et tenter de mobiliser ses interlocuteurs : la technique des petits pas

Les professionnels de la petite enfance le savent, ils ont une lourde responsabilité. D'ailleurs, ce n'est pas un hasard si le *Guide ministériel à l'intention des services de protection maternelle et infantile*, publié par le ministère de la Famille, de l'Enfance et des Droits des femmes, évoque à quatre reprises cette notion de lourde responsabilité. Les enfants sont ce que nous avons de plus cher à l'échelle individuelle en tant que parents, mais aussi à l'échelle collective en tant que membres des générations futures.

EN TANT QUE CITOYEN

Comme nous l'avons vu, les élus territoriaux peuvent intervenir au bon niveau pour faire évoluer les pratiques dans les crèches publiques. Ce n'est pas vrai uniquement en période électorale, les élus locaux sont dans leur grande majorité attentifs aux attentes et aux sollicitations des administrés qui les interpellent sur des sujets relevant de leurs compétences.

L'accueil des jeunes enfants est un sujet sérieux qui facilitera sans aucun doute la prise de contact si vous voulez faire avancer le sujet de la gestion écoresponsable des crèches dans votre ville. Si vous parvenez à créer une association ou un collectif de parents, il y a fort à parier que les choses avanceront encore plus vite !

EN TANT QUE CLIENT OU USAGER

Que l'on confie son enfant à une crèche privée (à but lucratif ou non) ou publique, il est tout à fait légitime de faire des propositions sur les choix de gestion au quotidien ou de demander des comptes. Généralement, la directrice ou le directeur sera un interlocuteur privilégié pour écouter vos remarques et, le cas échéant, les mettre en œuvre ou en faire état auprès des décisionnaires.

Là aussi, un collectif de parents de la crèche sera certainement plus convaincant qu'une demande individuelle.

EN TANT QU'EMPLOYEUR

C'est la voie royale pour mettre l'écologie au centre de votre projet de garde pour votre enfant. Il faut tout de même distinguer deux cas de figure, selon que vous êtes employeur unique (vous avez une nounou à domicile pour votre enfant) ou multi-employeur (votre assistant maternel garde votre enfant et d'autres enfants à son domicile). Dans le premier cas, votre enjeu se situera au niveau du recrutement afin de trouver une personne motivée pour s'impliquer en ce sens ; vous aurez alors toute liberté pour mettre en place un cadre de travail en phase avec vos attentes. Dans le second, c'est par le dialogue que vous pourrez obtenir que vos demandes soient prises en compte par l'assistant maternel, qui sera peut-être ravi de faire évoluer ses pratiques !

TESTÉ ET APPROUVÉ : LE TÉMOIGNAGE DE VALÈRE

« Avec ma compagne, nous nous sommes assez vite intéressés aux modes de garde possibles pour notre petit Augustin né en août 2016. Nous étions tous deux alors salariés à plein temps et il nous fallait absolument trouver une solution, car nous n'avons pas de famille près de nous et nous n'avions pas les moyens de salarier une nounou à plein temps. Assez naturellement, l'option d'un mode de garde collectif s'est imposée, notamment au regard d'un choix personnel : nous étions plutôt à l'aise avec l'idée que notre fils apprenne assez vite la vie en collectivité.

Si notre sensibilité à l'écologie était encore naissante, nous avons vite compris que là ne serait pas le sujet principal de notre projet. Trouver un mode de garde pas trop loin de chez nous serait déjà un grand privilège ! Après deux tentatives infructueuses auprès de notre mairie d'arrondissement, nous nous sommes tournés vers une crèche privée dite interentreprises. Si nous avons découvert une structure tout à fait rassurante pour notre fils, nous avons vite compris que l'écologie n'était pas son sujet.

Sans doute y avait-il quelques vigilances du gestionnaire de la crèche, mais cela n'était clairement pas un sujet prioritaire. Nous avons tout de même remarqué la mise en avant de produits locaux dans les menus, mais rien d'autre. Couches jetables de grandes marques, produits d'hygiène ou d'entretien classiques... Aucune marque visible d'engagement sinon un petit écriteau rappelant d'éteindre la lumière du local à poussettes !

La seule expérience notable en presque 3 ans de garde fut le cas des surchaussures que les parents doivent mettre avant de s'avancer dans l'espace réservé aux enfants. Un système de casiers a été mis en place afin que nous n'ayons plus à les jeter dans un bac de linge sale après chaque utilisation. Ces casiers nous permettaient de les réutiliser plusieurs fois avant de les considérer sales et d'en prendre alors des propres... Je n'ai pas pu m'empêcher de rappeler aux parents qu'il valait mieux opter pour des surchaussures en coton plutôt que des modèles jetables en plastique. Tout le monde a semblé prendre le pli assez facilement mais cela en est resté là.

Pour autant, notre conscience écologique était en pleine accélération. Aussi, nous avons décidé d'en parler avec la directrice. Elle était tout à fait convaincue et il ne nous a pas fallu beaucoup argumenter pour la motiver à en parler à sa direction – puisqu'elle faisait partie d'un réseau national. J'en ai profité pour envoyer le lien d'une de mes chroniques radio au commercial avec qui nous avions échangé pour signer le contrat afin de lui faire valoir l'intérêt des couches recyclables sur le plan économique.

Sa réponse ne s'est pas faite attendre : "C'est un sujet au sein du réseau que nous prenons très au sérieux." Pourtant, je n'ai jamais vu la moindre décision concrète en 2 ans et demi... »

En résumé

- **Le cadre légal des lieux d'accueil de la petite enfance est actuellement centré presque exclusivement sur l'hygiène et la sécurité.**
- **Pourtant, faire garder son bébé en mode écolo peut avoir des impacts significatifs sur sa santé et sur l'environnement.**
- **Il existe des labels et des réseaux qui peuvent servir de guides.**
- **Très souvent, les choses avancent grâce au dialogue et à la mobilisation.**
- **Anticiper au maximum la recherche du mode de garde et regarder les éventuelles solutions autour de chez soi.**
- **Se renseigner auprès de la mairie qui peut avoir des informations utiles.**

Mois 8

(5e mois)

L'ÉPARGNE, ÉCONOMISER POUR LES GÉNÉRATIONS FUTURES

1

La finance solidaire et responsable, un levier de changement sous-estimé

Mettre des sous de côté afin de les aider à faire leurs premiers pas dans leur vie d'adulte, contracter une assurance vie, investir dans l'immobilier... Selon nos moyens, nous sommes nombreux à vouloir anticiper les besoins financiers de nos enfants dès leur naissance. Cet objectif légitime nous met souvent dans une situation un peu confuse quand il s'agit de choisir la meilleure manière d'épargner.

Si nous allons souvent vers des formes classiques de placement, c'est en passant à côté d'un écosystème en plein développement : la finance solidaire et responsable qui, selon certains observateurs, pourrait constituer un levier majeur pour soutenir la transition écologique. Face aux attentes de plus en plus importantes des épargnants en matière d'éthique, certains acteurs financiers se sont eux-mêmes engagés pour soutenir une finance plus vertueuse que celle qui se tourne uniquement vers le profit.

Néanmoins, si vous êtes décidé à passer à l'acte en plaçant votre épargne dans un cadre plus durable afin de prévoir les futurs besoins de votre enfant tout en préservant l'avenir du monde dans lequel il vivra, il faudra faire la différence entre les placements qui comportent un risque de perte en capital et ceux qui ne sont pas risqués afin d'éviter de mauvaises surprises, car même si l'on veut donner du sens à son argent, il ne faut pas perdre de vue les enjeux strictement financiers.

Les Français et l'épargne

À l'échelle européenne, les Français se situent parmi les plus gros épargnants. Selon les chiffres publiés par la Banque de France, plus de 5 000 milliards d'euros étaient placés au premier trimestre 2019, soit près de 15 % des revenus bruts disponibles.

Dans un contexte où l'on estime que les besoins financiers pour soutenir la transition écologique sont colossaux, une opportunité est sans doute à saisir.

Dans le détail, on peut identifier quels sont les placements préférés des Français.

- En tête, l'**assurance vie**, qui pèse plus de 1 500 milliards d'euros et qui peut recouvrir de nombreux véhicules financiers puisqu'il s'agit d'un placement qui en englobe d'autres, plus ou moins risqués.
- Viennent juste après les **fonds d'actions cotés**.
- En troisième position, les **dépôts bancaires rémunérés** avec, entre autres, le livret A, le livret jeune ou encore les comptes à terme. Cette dernière catégorie a un profil de risque nul mais également des rendements relativement faibles ; c'est toujours la contrepartie de ce qu'on appelle une gestion passive et sans risque. Il semble d'ailleurs que le risque ne soit pas une option pour 75 % des épargnants d'après une étude d'AXA Investment Managers.

Car il s'agit pour la très grande majorité des gens de se constituer une épargne de précaution, un filet de sécurité en quelque sorte, en cas d'imprévu. La parentalité nous pousse sur ce point à vouloir limiter les risques : puisque notre vie a profondément changé, il s'agit d'anticiper tout ce qui peut l'être. Il faut bien reconnaître que l'arrivée d'un bébé stimule cette envie de prévoir matériellement pour l'avenir. Nous voilà responsables, et c'est souvent le moment où l'on décide d'investir dans son logement quand on le peut ou de commencer à épargner pour plus tard et « au cas où », en fonction de nos moyens.

Tous les outils d'investissement, les termes techniques et ces chiffres nous paraissent, pour la grande majorité d'entre nous, assez abstraits, parfois barbares et bien souvent appartenant à un univers peu fréquentable : la finance.

On parle aussi d'**un secteur qui détient potentiellement plusieurs clés du changement tant il est puissant**. En effet, selon la façon dont ces sommes astronomiques sont utilisées, cela peut tout changer à l'heure où la transition a besoin d'investissements massifs pour éviter des scénarios dramatiques dans les prochaines décennies – qu'il s'agisse du climat, de la pollution, de la biodiversité, mais aussi de la justice sociale ou de bien d'autres enjeux actuels. Alors, lorsque de jeunes parents (ou des moins jeunes d'ailleurs) décident d'épargner pour leurs enfants, la question de l'éthique (au sens large) des investissements devient centrale : à quel projet de société cet argent placé va-t-il servir ? On est en droit de se poser la question.

En tout état de cause, puisqu'en tant que parents nous sommes désormais tournés vers le futur de notre enfant et, *a fortiori*, vus les générations futures, pourquoi ne pas s'intéresser à des modes de placement éthiques qui tiennent compte des enjeux durables ? C'est pour chacun de nous, à son échelle, un moyen de participer à la transition écologique.

Financer la transition et non les énergies fossiles

Si les petits gestes des citoyens ont une importance indéniable, l'engagement des pouvoirs publics et des entreprises ne doit pas faire défaut, tant les transformations à mener sont immenses.

Choisir d'épargner ses économies sur un outil financier plutôt qu'un autre n'est pas à sous-estimer tant pour la somme elle-même que pour le signal envoyé aux professionnels de la finance. De la même manière, investir sur des fonds tournés prioritairement sur des sociétés éthiques ou qui refusent d'alimenter le développement des énergies fossiles peut faire toute la différence, puisque la finance n'est pas seulement un univers de chiffres mais bien un écosystème qui investit massivement sur des entreprises bien réelles, dans l'objectif de gagner plus d'argent.

La Commission européenne a eu l'occasion de rappeler les besoins financiers pour respecter les engagements de l'accord de Paris. « L'objectif d'un développement de la finance durable prend toute son importance si l'on prend en compte le fait que, pour limiter le réchauffement climatique à 2 degrés Celsius, il faudra environ 6 200 milliards d'euros d'investissements annuels à l'échelle mondiale jusqu'en 2030 dans des infrastructures sobres en carbone, notamment pour l'énergie, les transports, le bâtiment et les infrastructures de l'eau. Dans l'Union européenne uniquement, la réalisation des objectifs des politiques en matière d'énergie et de climat alignés sur l'accord de Paris exigera des investissements supplémentaires annuels de 180 milliards d'euros entre 2021 et 2030, par rapport à une absence d'action. Les fonds publics, dont la disponibilité ne cesse de diminuer, ne suffiront pas pour répondre à ces besoins d'investissement. La Commission continuera de travailler au maintien d'une solide coopération internationale autour de la finance durable, en travaillant en étroite collaboration avec tous les partenaires internationaux concernés, en vue de parvenir à un meilleur alignement des différents cadres et instruments des politiques des services financiers qui intègrent la durabilité dans le secteur financier[1]. »

À notre échelle, l'arrivée d'un enfant peut être un déclencheur pour commencer à épargner, investir ou tout simplement placer quelques économies auprès d'acteurs de la finance durable et solidaire pour participer à atteindre cet objectif très ambitieux : financer une économie plus vertueuse, qui aura besoin des acteurs publics et privés pour se transformer en profondeur.

Car aujourd'hui, devant les enjeux auxquels nous sommes confrontés, placer son argent dans une banque classique en pensant à l'avenir de son enfant n'est pas un pari gagnant sur tous les plans. Au-delà du placement, il y a la question importante de savoir **ce qui est fait de votre argent**. Et malgré l'émergence d'une finance plus raisonnée, on ne peut pas dire que les choses aient à ce stade changé en profondeur.

D'après le rapport d'une coalition internationale d'ONG[2], 33 des plus grandes banques mondiales ont financé les énergies fossiles à hauteur

1 Communiqué de presse de la Commission européenne diffusé le 21 mars 2019.

2 « Banking on climate change », 20 mars 2019. https://www.ran.org/wp-content/uploads/2019/03/Banking_on_Climate_Change_2019_vFINAL.pdf

de 1 900 milliards de dollars (environ 1 680 milliards d'euros) entre 2016 et 2018. Dans ce rapport, quatre banques françaises sont montrées du doigt : BNP Paribas, la Société générale, le Crédit agricole et BPCE/Natixis.

Fin 2018, un rapport[3] de l'ONG Oxfam était également très sévère à l'endroit de grandes banques françaises, indiquant que « pour 1 euro accordé sur les marchés financiers en faveur des énergies renouvelables, les banques françaises accordent plus de 8 euros aux énergies fossiles ». Peut mieux faire.

Dans le même registre, les ONG Oxfam et Les Amis de la terre ont dévoilé fin 2019 un rapport sans concession : « En 2018, les émissions de gaz à effet de serre issues des activités de financement des quatre principales banques françaises – BNP Paribas, Crédit agricole, Société générale et BPCE – dans le secteur des énergies fossiles ont atteint plus de 2 milliards de tonnes équivalent CO_2, soit 4,5 fois les émissions de la France. » Pas mieux.

Après avoir dressé ce portrait au vitriol, regardons une autre face de la finance. En effet, un certain nombre d'acteurs ont commencé à adopter une autre vision, considérant que l'avenir de l'économie se situait peut-être dans le développement durable.

Si les tenants de la décroissance y voient un écran de fumée, d'autres considèrent que l'affectation de ressources financières à des projets à impacts limités voire positifs dans le système capitaliste actuel est la moins mauvaise des solutions.

En tout état de cause, l'idée d'une finance plus solidaire et plus responsable fait son chemin, avec une mise en pratique croissante, notamment sous l'impulsion d'**épargnants qui ne veulent plus fermer les yeux sur ce qui est fait de leur argent**.

---

3 « Banques françaises, les fossiles raflent la mise », 2018. https://www.oxfamfrance.org/rapports/banques-francaises-les-fossiles-raflent-la-mise/

Le poids de la finance durable, solidaire et du financement participatif

Les signataires de l'accord de Paris ont identifié la finance comme un levier d'action majeur dans la lutte contre le changement climatique. L'article 2 de cet accord prévoit d'ailleurs de rendre « les flux financiers compatibles avec un profil d'évolution vers un développement à faible émission de gaz à effet de serre et résilient aux changements climatiques ».

Mais quelle réalité faut-il mettre derrière ces concepts ?

QUELQUES DÉFINITIONS

– Tout dépend des produits et outils de placement. On ne peut pas tirer de grandes généralités, sinon que pour la **finance durable**, les politiques de gestion tiennent compte de ce qu'on appelle les critères ESG (environnement, social et gouvernance).

D'après une définition largement acceptée, « l'ISR[4] est un placement qui vise à concilier performance économique et impact social et environnemental en finançant les entreprises et les entités publiques qui contribuent au développement durable, quel que soit leur secteur d'activité. En influençant la gouvernance et le comportement des acteurs, l'ISR favorise une économie responsable[5] ».

– La **finance solidaire** est un circuit de financement singulier. En plaçant tout ou partie de votre argent sur un produit d'épargne solidaire, vous pouvez financer l'accès à l'emploi et au logement pour des personnes en difficulté, des activités écologiques, l'entrepreneuriat dans les pays en développement... tout en dégageant des intérêts[6].

– Alors que pour le **financement participatif**, ou *crowdfunding* (littéralement, « financement par la foule »), ce sont les mécanismes qui sont visés : faire participer le public au financement d'un projet, à impact positif ou non. On distingue différentes formes de *crowdfunding* : le don (avec ou sans contrepartie), le prêt et l'investissement.

---

4 Investissement socialement responsable.

5 Définition de l'Association française de la gestion financière (AFG) et du Forum pour l'investissement responsable, 2013.

6 www.finansol.org

Ici, l'épargnant est donc actif et **choisit** directement les projets qu'il veut soutenir ou sur lesquels il décide d'investir.

L'intérêt de ces démarches reste que, dans la majorité des cas, elles s'inscrivent dans une mouvance de transition et de développement durable, par exclusion ou par inclusion, ce qui fait toute la différence avec la seule recherche du profit financier.

LES CHIFFRES

En France, les encours ISR représenteraient 417 milliards d'euros[7], soit environ 10 % du total des encours d'après l'AFG, qui précise : « En France, les stratégies ISR se concentrent sur la sélection des entreprises les plus en pointe sur le développement durable. »

La finance solidaire pèse quant à elle beaucoup moins, mais son efficience semble davantage acquise. L'association Finansol[8] avance le chiffre de 12,6 milliards d'encours pour 2018.

Enfin, d'après l'association Financement Participatif France, le *crowdfunding* a levé 402 millions d'euros en 2018. C'est de loin le plus petit secteur de la finance tournée vers les enjeux sociaux, sociétaux et environnementaux.

---

7 Fin 2018.
8 Association de promotion d'une finance éthique, humaine et solidaire.

②

Les acteurs financiers en voie de transition

Selon la dernière édition du sondage annuel « Les Français et la Finance responsable », commandé par le FIR et Vigeo Eiris à Ifop, six Français sur dix déclarent accorder une place importante aux impacts environnementaux et sociaux dans leurs décisions de placement (un chiffre stable par rapport à 2018), avec une attention particulière pour les sujets environnementaux, au premier rang desquels la pollution (82 %, contre 80 % en 2018), le changement climatique (76 % contre 71 %) et la biodiversité (69 % contre 64 %). Concernant les sujets sociaux et sociétaux, l'emploi (78 %), le respect des droits de l'homme (76 %) et les conditions de travail (73 %) sont les thématiques les plus plébiscitées.

Tout peut nous laisser penser que la parentalité ne peut que renforcer ces attentes légitimes.

Attention cependant : dans certains cas, selon la forme d'investissement que vous choisissez (voir plus loin), il y a une part de risque qui peut avoir une conséquence non négligeable : la perte partielle ou totale de votre capital.

Voici déjà quelques repères pour appréhender un secteur souvent technique et opaque au sein duquel il est néanmoins possible d'intégrer d'autres valeurs que la seule recherche de performance financière.

La finance solidaire

Il s'agit d'un circuit de financement qui permet de financer des entreprises sociales, le retour à l'emploi de personnes précaires, des activités engagées pour la transition écologique... En plaçant des économies sur un produit d'épargne solidaire, vous faites le choix de donner du sens à votre placement en privilégiant l'impact de votre argent : développement de la filière bio et des énergies renouvelables, lutte contre le chômage ou le mal logement, accès aux soins... Bref, c'est du concret.

Pour vous aider à vous y retrouver, le **label Finansol** est reconnu pour être exigeant et garantir la réalité des engagements de ses membres. Ainsi, l'association qui en assure la gestion précise qu'il existe deux types de produits d'épargne solidaire :

- Une épargne pour laquelle la solidarité se manifeste **au niveau des sommes placées** : pour être solidaire, tout ou partie du montant placé doit financer des projets d'utilité sociale et/ou environnementale.
- Une épargne pour laquelle la solidarité se manifeste **au niveau des revenus perçus** : pour être solidaire, au moins 25 % de l'intérêt généré doit être versé sous forme de don à une association.

L'investissement socialement responsable

D'après le site d'informations spécialisées Novethic, l'investissement socialement responsable (ISR) consiste à intégrer de façon systématique et traçable des critères environnementaux, sociaux et de gouvernance (ESG) à la gestion financière.

L'ISR favorise une économie responsable en incitant les sociétés de gestion de portefeuille (SGP) à prendre en compte des critères extra-financiers lorsqu'elles sélectionnent des valeurs mobilières pour leurs actifs financiers. On parle aussi « d'application des principes du développement durable à l'investissement ». Ce placement financier cherche à concilier performance économique, impact social et impact environnemental en finançant les entreprises qui contribuent au développement durable.

En pratique, cela peut prendre plusieurs formes : investir sur des sociétés compte tenu de leurs bonnes pratiques, fonctionner en excluant certains secteurs impactants ou controversés (énergies fossiles, armement...), favoriser l'investissement dans des sociétés sur la base de thèmes (l'eau, le climat, le bien-être au travail...).

Pour vous aider à vous y retrouver, il existe deux labels en France :

- Le **label ISR**, qui « est un outil pour choisir des placements responsables et durables. Créé et soutenu par le ministère des Finances, le label a pour objectif de rendre plus visibles les produits d'investissement socialement responsables (ISR) pour les épargnants en France et en Europe[9] ».
- Le **label Greenfin**, géré par le ministère de la Transition écologique et solidaire, qui « garantit la qualité verte des fonds d'investissement et s'adresse aux acteurs financiers qui agissent au service du bien commun grâce à des pratiques transparentes et durables. Le label a la particularité d'exclure les fonds qui investissent dans des entreprises opérant dans le secteur nucléaire et les énergies fossiles[10] ».

Si vous avez le projet de placer de l'argent pour votre enfant plus tard ou pour un projet à moyen terme, il est possible de demander à votre conseiller financier (dans votre banque, ou si vous faites appel à un conseiller de gestion en patrimoine indépendant, par exemple) de privilégier des supports de placement labellisés afin de vous assurer d'un minimum de garanties durables.

Le financement participatif, ou *crowdfunding*

Le financement participatif est un mécanisme qui permet de collecter les apports financiers – généralement des petits montants – d'un grand nombre de particuliers **au moyen d'une plateforme sur Internet,** en vue de financer un projet.

Deux parties sont mises en présence :

- L'épargnant qui souhaite investir une certaine somme d'argent dans un projet auquel il croit ;
- Et le porteur de ce projet qui ne possède pas les fonds nécessaires pour le mettre en œuvre.

L'un et l'autre se rencontrent sur Internet *via* une plateforme dédiée. Les projets sont ainsi présentés par leurs porteurs et les épargnants

9 www.lelabelisr.fr
10 https://www.ecologique-solidaire.gouv.fr/

choisissent de financer ceux qui les intéressent à hauteur de ce qu'ils souhaitent investir.

Plusieurs modalités de financement participatif existent :

- le don (avec ou sans contrepartie),
- le prêt (avec ou sans intérêts)
- l'investissement en capital[11].

Le mécanisme le plus populaire est sans doute le don avec contrepartie, qui permet de soutenir un projet associatif, un lancement de produit d'entreprise ou la publication d'un nouveau magazine. Son intérêt est qu'il permet à chacun d'entre nous de soutenir des démarches auxquelles nous sommes sensibles – il ne s'agit pas ici d'épargner mais bien de donner.

Si vous cherchez plutôt à investir (avec là aussi une prise de risque) sur des projets proches de vos valeurs, il s'agira alors de vous tourner vers le prêt ou l'investissement.

Par exemple, la plateforme d'investissement Lita.co[12] propose d'investir dans une solution de dépannage et de réparation des appareils électroménagers pour lutter contre l'obsolescence programmée. Sur Miimosa.com, il est possible de prêter une somme d'argent (rémunérée) afin de soutenir le développement d'une gamme d'œufs éthiques. Ces projets sont issus de l'océan d'opportunités qu'offre le financement participatif, qui a la particularité d'identifier très clairement la finalité de l'investissement. C'est donc du concret.

Les banques éthiques

Au-delà des outils de placement, il est tout à fait possible d'ouvrir un compte dans une banque qui s'engage à une certaine éthique dans la gestion des sommes qui lui sont confiées. La Nef et le Crédit coopératif sont régulièrement cités en exemple pour leurs engagements.

- La **Nef** n'a à ce jour pas d'agrément pour proposer un compte courant aux particuliers. Il est en revanche possible d'y ouvrir un livret ou un compte à terme, par exemple. Cette banque fait la promesse de donner aux épargnants la possibilité d'exercer leur responsabilité

11 www.entreprises.gouv.fr

12 Projets disponibles au moment de la rédaction de ce chapitre (novembre 2019).

sur leur argent en leur permettant de l'orienter vers des solutions de financement adaptées à tout projet économique porteur de sens et d'intérêt général.

– De son côté, le **Crédit coopératif** propose l'intégralité des services bancaires aux particuliers en mettant en avant de nombreux engagements. Sur son site Internet[13], la promesse est claire : « Une autre banque est possible par nature, nous cultivons chaque jour notre ADN de banque à part, au service d'une économie réelle plus humaine. En nous rejoignant, vous faites le choix d'une banque qui finance principalement les acteurs de l'économie sociale et solidaire (ESS) et de l'intérêt général. » La banque permet d'ailleurs à ses clients d'en devenir sociétaire, de placer de l'argent sur un livret solidaire permettant de reverser 50 % des intérêts à un projet associatif, ou encore de souscrire à un compte Agir : la banque s'engage à utiliser l'argent qui y est déposé pour des thématiques à choisir par le client (environnement, justice sociale, entrepreneuriat) et à reverser 5 centimes d'euros à une association à chaque retrait bancaire.

Il existe donc bel et bien un écosystème financier qui propose des solutions pour donner du sens à notre argent, un levier majeur de transition pour l'avenir de nos enfants. Voyons à présent les deux approches radicalement différentes : car placer ses économies avec risque ou placer ses économies sans risque, cela peut tout changer.

13 https://www.credit-cooperatif.coop/

③

Passer à l'acte : épargner durable, avec ou sans risque ?

Selon une étude bancaire, 80 % des parents ont mis en place une solution d'épargne pour leurs enfants[14]. Si tel est votre souhait, il faudra vous poser la question quasi existentielle : avec ou sans risque ? Sachant que votre choix aura bien sûr des conséquences sur les potentiels rendements de votre épargne...

Les solutions de placement durable sans risque

- Le **Livret A** est très apprécié des Français. Il peut être ouvert dès la naissance au nom de votre enfant et est plafonné à 22 950 euros, avec un taux actuel fixé à 0,50 %[15]. Son atout ? Les intérêts sont exonérés d'impôt sur le revenu et de prélèvements sociaux. Cet outil de placement est géré par les parents jusqu'à la majorité de leur enfant. Peu de gens le savent, mais environ 60 % des fonds collectés grâce au livret A sont confiés à la Caisse des dépôts et consignations (CDC), un établissement public qui les utilise pour financer le logement social, prêter aux collectivités locales, prêter aux PME, financer le microcrédit ou investir dans des produits financiers (qui peuvent donc être,

14 Sondage Yougov pour Capital Koala (octobre 2018).
15 Au 21 juin 2020.

eux, plus ou moins verts...). Par nature donc, les fonds sur livret A ont une portée sociale et peuvent aussi être investis, selon la politique de la CDC, qui s'est par exemple engagée à sortir du charbon en 2020.

- Par ailleurs, il existe le **livret développement durable et solidaire**, qui est assez populaire, avec plus de 100 milliards d'euros collectés et un nom qui en dit long sur le papier. Mais à quoi sert l'argent ? Au développement durable et à la solidarité, très logiquement ? Pas vraiment. Ce placement choisi par un tiers d'entre nous ne serait pas affecté... D'ailleurs, un rapport[16] remis aux ministres de l'Écologie et de l'Économie fin 2017 évoquait sans détour à quel point « cette inadéquation de l'objet à son nom est problématique, s'agissant d'un produit aussi répandu, car elle décrédibilise l'idée même de labellisation et de fléchage de l'épargne des particuliers ». Si environ 80 % des fonds collectés sur ce livret servent ensuite à faire des prêts aux PME, rien ne garantit que celles-ci soient particulièrement engagées pour le développement durable.
- Il existe également des **livrets « enfants » ou « jeunes »**. Il s'agit bien souvent de produits maison pour lesquels il faut se renseigner, au cas par cas, pour savoir comment est utilisé l'argent. Ils vous donneront la possibilité de placer vos économies pour votre enfant avec des taux généralement très bas, mais il y a peu de chances qu'ils aient une approche durable pour ce qui concerne l'utilisation des fonds.

Des outils de placement peuvent également être proposés par les banques, avec un parti pris responsable fort. Si votre établissement n'en propose pas, vous pouvez vous tourner vers une autre banque, comme le Crédit coopératif ou la Nef, par exemple (voir p. 169), qui ont développé leurs propres gammes durables.

Le Crédit coopératif commercialise le livret Scoopy pour les enfants de moins de 12 ans. La banque précise que pour chaque livret Scoopy, le Crédit coopératif verse 3 € par an à des associations en faveur de l'enfance : prévention, logement, faim dans le monde, etc.[17]. Ce mécanisme louable reste cependant peu impactant avec, par exemple, 23 000 euros versés en

16 Sylvie Lemmet et Pierre Ducret, « Pour une stratégie française de la finance verte », décembre 2017.

17 À noter que pour un rendement de 1,25 % il vous faudra vous acquitter du prélèvement forfaitaire unique de 30 %.

2016. Pour autant, la banque explique que, pour ses livrets, l'argent déposé permet pour une large part de financer les acteurs du logement, de la santé, du social, de l'insertion, de l'environnement et de la culture, ou encore des coopératives et groupements d'entreprises locales ou des mutuelles. Et chaque année, les enfants reçoivent une lettre avec les projets qui ont été financés, dans quels pays, etc. Sur le plan éducatif, c'est assez efficace !

De son côté, la Nef propose le livret Nef, un support personnalisable avec lequel vous choisissez vous-même l'orientation de votre épargne dans le secteur écologique, social ou culturel. Vous pouvez également décider de confier son affectation au gré de la Nef.

Vous pouvez faire don de tout ou partie de vos intérêts sur épargne avec une association partenaire de la banque. Enfin, vous avez le choix de décider de soutenir les porteurs de projets qui s'adressent à la Nef. Vous avez en effet la possibilité de diminuer le taux de rémunération de votre épargne, ce qui permet à la Nef de baisser le taux d'emprunt proposé aux porteurs de projets.

Les solutions durables de placement avec risque

Il est envisageable de faire le choix de l'investissement socialement responsable en utilisant différents véhicules financiers comme un PEE[18] ou un PERCO[19], un compte-titres, un PEA[20], une assurance vie ou certains produits d'épargne retraite individuelle.

Pour vous aider à vous y retrouver, choisissez des fonds labellisés pour vous assurer un minimum garanti dans la prise en compte de critères environnementaux, sociaux et de gouvernance.

Lorsqu'il s'agit de penser à l'avenir de vos enfants, l'**assurance vie** est souvent présentée comme l'outil idéal. Sur le moyen terme, la fiscalité est intéressante et, surtout, il est possible d'y intégrer plusieurs supports plus ou moins risqués comme des parts dans une SCPI[21], des actions ou des parts dans des fonds d'investissement. Si vous choisissez cette option, votre conseiller pourra tenir compte de vos critères éthiques, solidaires et durables si vous lui en faites part.

18 Plan d'épargne entreprise.
19 Plan d'épargne pour la retraite collectif.
20 Plan d'épargne en actions.
21 Société civile professionnelle immobilière.

Le ***crowdfunding* ou financement participatif** permet de placer des sommes d'argent variables, selon vos moyens, avec une approche très concrète. Pour le prêt avec intérêts, vous prêtez en général à une entreprise identifiée qui va communiquer un maximum d'informations sur ses besoins mais aussi sur son activité afin que vous puissiez vous faire une idée la plus précise possible. Même constat pour ce qu'on appelle l'equity, qui consiste à participer au financement d'une entreprise en en devenant actionnaire (de manière définitive ou temporaire).

Le gros avantage de ce mode d'investissement est que vous savez précisément ce sur quoi vous faites un pari (une start-up qui veut lutter contre le gaspillage alimentaire, une entreprise spécialisée sur les énergies renouvelables, etc.), mais vous prenez aussi le risque de perdre tout ou partie du capital investi selon la formule consacrée !

TESTÉ ET APPROUVÉ : LE TÉMOIGNAGE DE VALÈRE

« Un peu avant la naissance de mon fils, en 2016, mon deuxième enfant, nous avons décidé avec ma compagne de devenir propriétaires à Paris. Autant dire qu'il a fallu imaginer un intérieur minimaliste, compte tenu des prix du marché parisien. Avec le recul, il s'agissait de nous sécuriser à l'arrivée de notre bébé. Nous n'imaginions pas continuer à être locataires en devenant parents. Nous sommes effectivement devenus propriétaires : toutes nos économies y sont passées, et notre qualité de vie avec, car l'appartement était vraiment tout petit.

De fil en aiguille, nous avons fini par faire le même constat avec ma compagne : notre statut de propriétaires ne nous rendait pas heureux. Les mensualités de prêt étaient lourdes à assumer ; anciens Avignonnais, nous manquions d'espace, nous aspirions déjà à recouvrer notre liberté. Nous avons alors décidé de revendre notre appartement après un peu plus de deux ans pour redevenir locataires, en attendant de trouver mieux, ailleurs, en prenant le temps nécessaire. C'est ainsi que nous avons retrouvé nos économies et que la question s'est posée de les placer. Nous avons alors découvert une profession : conseiller de gestion en patrimoine, qui conseille les épargnants, en faisant du "sur-mesure".

Lors de notre premier rendez-vous, une fois communiquées les grandes lignes de notre projet (durée, disponibilité, montant…), nous avons posé une condition : nous ne voulions pas participer au financement d'énergies fossiles, d'armes ou d'alcool, d'entreprises controversées, etc. Il était important pour nous que notre placement soit éthique. Notre conseillère nous a alors dirigés vers un mix de placements au sein d'une assurance vie, avec des véhicules labellisés ISR ou finance solidaire, ce qui nous a pleinement satisfaits.

Et sur le plan strictement financier, nous n'avons pas été déçus non plus, puisque les performances sont tout à fait comparables à des placements classiques, ce que nous avons constaté après quelques trimestres de suivi. »

En résumé

- **Pour limiter le réchauffement climatique à + 2 °C, il faudra environ 6 200 milliards d'euros d'investissements annuels à l'échelle mondiale jusqu'en 2030 dans des infrastructures sobres en carbone, notamment pour l'énergie, les transports, le bâtiment et les infrastructures de l'eau.**
- **D'après le rapport d'une coalition internationale d'ONG, 33 des plus grandes banques mondiales ont financé les énergies fossiles à hauteur de 1 900 milliards de dollars (environ 1 680 milliards d'euros) entre 2016 et 2018.**
- **L'investissement socialement responsable, la finance solidaire et le financement participatif peuvent être des alternatives plus vertueuses que la finance classique tournée principalement vers le profit.**
- **Pour vos enfants, faites bien la distinction entre les placements sans risque et les placements avec risque, qui peuvent avoir des conséquences non négligeables.**
- **Certains établissements bancaires sont plus engagés que d'autres : il peut s'agir d'un critère pour choisir votre banque !**

Mois 9

(6e mois)

ET APRÈS ?

Les clés pour réussir et poursuivre sa transition

Depuis votre grossesse et la naissance de votre enfant, vous avez complètement chamboulé votre façon de vivre et de consommer. Vous vous demandez peut-être comment poursuivre votre transition pour aller encore plus loin ?

Changer progressivement ses habitudes

Rappelez-vous, Rome ne s'est pas fait en un jour ! Il faut du temps pour changer ses habitudes. Tous les parents qui ont revu leur mode de vie l'ont fait progressivement. Ils ont commencé par modifier certains réflexes, puis leurs réussites dans des domaines spécifiques les ont conduits à relever de nouveaux défis. La satisfaction procurée par les succès a servi d'encouragements pour persévérer. Et ce ne sont pas les échecs qui les ont découragés pour poursuivre, pour aller plus loin, pour contribuer à agir dans l'intérêt de leurs enfants.

Selon les constats du docteur Maxwell Maltz, chirurgien plastique américain qui a exercé dans les années 1950, ses patients avaient besoin de 21 jours minimum pour s'habituer à leur nouveau corps. Il a aussi relevé que ce délai lui était, à lui aussi, nécessaire pour changer ses propres habitudes. « Tous ces phénomènes observés chez la plupart des gens semblent indiquer que l'on a besoin d'un minimum de 21 jours pour faire disparaître une vieille image mentale et en créer une nouvelle », écrit-il dans le livre *Psycho-Cybernetics*, paru en 1960. Une étude scientifique[1] établit quant à elle que 66 jours sont, en moyenne, nécessaires pour introduire de nouvelles habitudes.

Ces durées ne représentent que des moyennes et des observations expérimentales, mais elles démontrent bien qu'il est nécessaire de prendre suffisamment de temps pour changer ses habitudes. Il ne faut donc pas se décourager si vos nouvelles routines ne s'ancrent pas immédiatement dans votre quotidien et si les changements ne s'opèrent pas aussi vite que vous l'espériez.

Se souvenir des bienfaits pour persévérer

Pour vous encourager à persévérer, rappelez-vous les nombreux bénéfices procurés par ces nouvelles habitudes :

- À l'heure où tous les scientifiques alertent sur les conséquences du réchauffement climatique, vivre de manière plus durable et respectueuse de l'environnement devient une **nécessité** pour préserver la planète où nos enfants vont grandir.
- Manger bio, de saison, s'habiller avec des matières naturelles, éviter autant que possible les substances nocives... sont autant d'habitudes qui améliorent la **santé**.
- Ces choix de vie sont aussi source **d'économies**. Par exemple, pour l'alimentation, même si le choix de produits bio est (parfois) plus onéreux, cette dépense est compensée par l'abandon de coûteux produits transformés, la diminution des quantités de viandes et par le fait de cuisiner davantage. Globalement, les parents en transition s'investissent plus dans leurs tâches du quotidien : ils fabriquent leurs produits, recherchent des biens d'occasion, recyclent, trient, compostent, réduisent leurs déchets... Ces nouvelles routines prennent plus de temps mais elles préservent les finances de la famille.
- Ces changements sont également source de **joie et d'estime de soi**, notamment grâce au plaisir de reprendre le contrôle de sa consommation : savoir ce que l'on mange, où ses vêtements ont été fabriqués,

1 « How are habits formed : Modeling habit formation in the real world », article publié en 2009 par Philipppa Lally et son équipe de chercheurs en psychologie à l'University College dans the *European Journal of social psychology*.

quelles matières composent ses meubles... Les parents qui ont changé leur mode de vie nous ont également confié que leur nouveau quotidien, minimaliste, leur procure bien-être et plénitude, à l'opposé d'un consumérisme débridé et sans fin, source de frustrations.

Se faire accompagner et échanger ses bonnes pratiques

Pour réussir sa transition et tenir dans la durée, des parents soutiennent qu'il est important d'être aidé par son entourage ou par d'autres parents *via* les réseaux sociaux.

Par exemple, certaines familles qui optent pour les couches lavables auraient pu abandonner à cause des problèmes rencontrés. Elles ont alors partagé leurs déconvenues avec d'autres parents sur des groupes Facebook dédiés, qui leur ont donné des solutions et sont ainsi parvenus à les remobiliser. Ces derniers se sont ensuite réjouis d'avoir persévéré puis ils ont à leur tour voulu aider d'autres parents.

Ce soutien et l'échange de bonnes pratiques permettent non seulement de trouver plus facilement des solutions aux obstacles rencontrés mais aussi de ne pas se sentir seuls. Ce sentiment peut en effet laisser penser que les changements entrepris sont vains : quelle est l'utilité de réduire mes déchets, d'utiliser des couches lavables ou de consommer des produits locaux si je suis seul à le faire... Être entouré et soutenu dans cette démarche est un bon moyen de contourner ce ressenti.

La fable du colibri, chère à Pierre Rabhi[2] et qu'il raconte dans son livre *Vers la sobriété heureuse* (Actes Sud, 2010), rappelle la légende amérindienne :

« Un jour, il y eut un immense incendie de forêt. Tous les animaux terrifiés, atterrés, observaient, impuissants, le désastre. Seul le petit colibri s'activait, allant chercher quelques gouttes avec son bec pour les jeter sur le feu. Après un moment, le tatou, agacé par cette agitation dérisoire, lui dit : “Colibri ! Tu n'es pas fou ? Ce n'est pas avec ces gouttes d'eau que tu vas éteindre le feu !” Et le colibri lui répondit : “Je le sais, mais je fais ma part.” Le mouvement des Colibris ajoute que c'est en voyant agir le petit oiseau que chacun s'envole et “fait

2 Le célèbre essayiste, romancier, agriculteur, conférencier et écologiste français a notamment cofondé avec Cyril Dion le mouvement des Colibris, qui agit pour promouvoir un mode de vie plus durable.

sa part", dans un goutte à goutte frugal et égalitaire. » Ainsi, plus les citoyens seront nombreux à s'engager, plus l'imminence de l'effondrement pourrait s'éloigner.

Convaincre son entourage

Inciter ses proches à entreprendre des changements est ainsi un bon moyen de prolonger son engagement. Il est d'ailleurs difficile de faire autrement, lorsqu'on est pris dans la dynamique de la transition : on a envie d'en parler, de partager et, d'une certaine manière, d'imposer son point de vue.

Il faut dire que c'est exaltant de s'apercevoir à quel point on a la possibilité de (re)prendre le contrôle de son quotidien sur différents aspects. D'autant que plus on s'informe sur ces sujets, plus on réalise à quel point nous sommes désormais dans une urgence face aux enjeux qui sont devant nous, et cela donne aussi envie de convaincre son entourage de faire « comme nous », le plus rapidement possible.

Mais il y a un mais. Car il n'est pas toujours aussi évident que ce qu'on peut imaginer de convaincre les gens, même les plus proches, de changer leurs habitudes au quotidien. On peut très vite être confronté à différentes résistances plus ou moins conscientes. Ainsi, si on se positionne en donneur de leçon du jour au lendemain, il y a fort à parier que les réactions ne seront pas toujours positives. Indiquer à son conjoint ou à un parent qu'il est inacceptable d'acheter des bouteilles d'eau en plastique alors que l'eau du robinet est très bonne, ou qu'on ne comprend pas pourquoi il utilise encore des dosettes à café en aluminium risque de ne pas être très productif.

Des réponses du type « Oui mais je recycle mes bouteilles vides et l'eau du robinet n'est pas terrible dans le coin », ou encore « De toute façon, ça servirait à quoi que je me prive si je suis seul à le faire ? » pourront bien vous être opposées. Les obstacles se dresseront vite avec, à la clé, un *statu quo* probable. Sachez que la culpabilisation et l'injonction ne seront pas des alliées et risquent même de vous isoler dans votre nouvelle vie.

Pour autant, avec vos proches, rien ne vous empêche d'amorcer un dialogue sur vos nouveaux engagements et d'expliquer vos motivations ; vous obtiendrez sans doute des résultats encourageants, en particulier en présence d'un jeune enfant qui responsabilise généralement tout le monde.

Communiquer sur une information solide, en lien avec des gestes qui nous concernent tous, peut être une approche engageante, car elle laisse aux personnes qui en prennent connaissance la liberté d'en tirer leurs propres conclusions. Par exemple, à la terrasse d'un café, au détour d'une conversation, indiquer qu'en France, nous jetons chaque jour 9 millions de pailles en plastique non recyclable fait généralement son petit effet. C'est un peu culpabilisant, certes, mais si vous restez neutre et qu'en plus, la personne qui vous accompagne n'a pas de paille dans son verre, il y a fort à parier qu'elle dira « non » à la prochaine paille en plastique qu'on lui proposera.

Mais il y a probablement une méthode encore plus efficace, qui vous évitera de vous transformer en militant de la cause écologiste auprès de tous les membres de votre entourage et, au passage, de devenir le donneur de leçons. C'est d'agir, tout simplement. De nombreux gestes cohérents avec la transition écologique sont distincts des usages communs, ils se remarquent et interpellent. Adopter ces gestes sans rien faire remarquer, le plus naturellement du monde, a une capacité d'influence considérable, grâce au mimétisme. Certes, vous ne verbalisez rien, vous ne commentez pas, vous ne négociez pas plus, vous faites comme vous faites désormais, et ça se remarque vite. Vous aurez des questions, des réactions, un regard. Cela changera tout dans l'approche. Par exemple, aller chercher du pain et des viennoiseries avec un sac et un récipient pour ne prendre au final aucun emballage jetable est remarqué positivement en général. De même qu'expliquer au cours d'un repas de famille qu'on a décidé de moins ou de ne plus manger de viande sans juger celles et ceux qui n'ont pas choisi cette direction peut ouvrir la voie à des échanges apaisés et éviter bien des caricatures. Tout comme le fait d'expliquer que, pour la naissance de votre enfant, vous ne voulez pas d'autre cadeau que la liste minimaliste que vous avez rédigée...

Faire votre part, et faire plutôt que dire ce que vous pensez qu'il faut faire pourrait bien devenir votre devise !

Vivre autrement : testé et approuvé par des parents, définitivement engagés

Pour finir, trois parents engagés de longue date ont accepté de dévoiler leur mode de vie tout en sobriété, source de joie et de bienfaits sur leur santé, la planète et leur portefeuille. Forts de ces atouts, ils invitent leur entourage à entreprendre ces changements. Pourquoi pas vous ?

VIRGINIE, 37 ANS, MÈRE D'UN BÉBÉ DE 15 MOIS, EN TRANSITION EN FAMILLE

« Je suis française, et nous habitons Bruxelles depuis huit années. Nous avons d'ailleurs constaté que la sensibilisation des citoyens à l'écologie est beaucoup plus forte en Belgique qu'en France et depuis bien plus longtemps. Ainsi, tout naturellement, lors de ma grossesse, j'ai multiplié les recherches pour trouver des alternatives et éviter d'utiliser des produits toxiques pour notre fille, concernant l'hygiène, les couches ou encore l'alimentation.

Très rapidement, j'ai compris que la solution était de fabriquer mes produits afin de maîtriser les ingrédients et leur qualité. J'ai commencé par faire mon propre liniment et l'eau nettoyante pour laver les fesses de mon nourrisson au moment des changes. Parallèlement, nous avons opté pour des couches lavables et principalement les produits made in France de la marque Hamac. Pour éviter les déchets, nous utilisons des lingettes lavables.

Nos nouvelles pratiques mises en place à la naissance de notre fille m'ont ensuite inspirée pour le reste de la famille. Par exemple, j'utilise dorénavant des gants démaquillants lavables et j'ai banni les cotons jetables de ma salle de bains. Pour faire le ménage, je me suis également investie pour trouver les recettes les plus efficaces. Ainsi, nous utilisons du percarbonate, bicarbonate, cristaux de soude et vinaigre d'alcool pour nos tâches ménagères, en remplacement de nos anciens produits industriels. Concernant les vêtements, nous en avons récupéré d'occasion auprès des amis et de la famille. Nous achetons très peu d'habits neufs et choisissons dans ce cas méticuleusement les marques et la provenance des textiles. Pour les jeux et le mobilier, nous privilégions là aussi les produits de seconde main.

Nous ne comptons pas nous arrêter en si bon chemin ! Nous avons d'autres changements en projet comme la réduction des déchets *via* l'acquisition d'un compost, ou de poules peut-être... »

TIPHAINE, 30 ANS, MÈRE D'UN NOURRISSON DE 8 MOIS, PRESQUE ZÉRO DÉCHET

« J'ai commencé à revoir mon mode de vie cinq ans avant de tomber enceinte. À ce moment-là, je vivais à Singapour, et plusieurs fois par an nous connaissions des épisodes où la ville entière était envahie par un épais brouillard qui forçait notamment des écoles à fermer et la population à porter des masques. Les habitants avaient intégré ces moments d'apocalypse comme s'il s'agissait de saisons... Pourtant, cette pollution n'a rien de naturel, elle est directement liée aux importants feux de forêts en Indonésie et à la déforestation induite par la culture intensive du palmier à huile. Je voulais agir à mon échelle et j'ai décidé de complètement boycotter tous les produits à base d'huile de palme. Quand je suis revenue en France, j'ai continué à bannir l'huile de palme, puis je me suis renseignée et je suis tombée sur le blog d'une Américaine qui incitait à passer à un mode de vie zéro déchet. J'ai été complètement séduite par les solutions proposées et j'ai commencé à revoir mon mode de consommation pour bannir de ma vie le suremballage puis le plastique. Ce choix a été décisif : j'ai radicalement changé mon mode de consommation. Je ne vais plus au supermarché ni dans des grandes chaînes alimentaires. De même pour les vêtements : je ne porte plus aucune matière synthétique et n'achète presque rien de neuf. Je fabrique mes cosmétiques et mes produits d'entretien.

J'ai rapidement évoqué mes premières découvertes avec mon entourage et je constatais un réel intérêt pour les astuces et solutions. Dans un premier temps, j'ai décidé de traduire le blog Zero waste de l'Américaine pour partager les bons plans avec le plus grand nombre. À l'époque, le thème était encore peu abordé.

Puis, tout naturellement, lorsque je suis tombée enceinte, j'ai poursuivi mon mode de vie sans plastique et zéro déchet. Avec l'arrivée de mon bébé, j'ai trouvé des solutions pour continuer à réduire au maximum nos déchets. Nous utilisons des couches lavables. Je les rince puis les mets en machine avec nos vêtements donc je ne fais pas spécialement tourner plus de machines. J'ai fabriqué des lingettes en coton et je n'utilise que de l'eau pour nettoyer les fesses de mon fils. En cas de rougeurs, je lui applique de l'huile de calendula ou de l'argile blanche. Je le lave avec un savon artisanal fait à base d'ingrédients naturels et de l'eau. Je cuisine ses petites purées avec des légumes bio, je fabrique nos yaourts et j'achète parfois des compotes en vrac. Je fais mes courses avec nos propres contenants. Grâce à nos familles, j'ai pu récupérer l'équipement de puériculture ainsi que des habits, des jouets... Je continue à fabriquer nos produits d'entretien : la poudre pour le lave-vaisselle, le produit pour nettoyer le sol, la salle de bains, et notre lessive à base notamment de percarbonate de soude. Pour mon bébé, le seul déchet pour lequel je n'ai pas encore trouvé de solution sont les fioles de sérum physiologique. De son côté, mon compagnon produit quelques déchets. Mais à nous trois, nous jetons un sac poubelle tous les 15 jours composé en partie de couches jetables, utilisées lors de nos déplacements, et de quelques emballages.

Je ne sais pas s'il y a un lien avec notre mode de vie, mais notre fils âgé de huit mois n'est encore jamais tombé malade. Nous lui avons juste donné une fois du Doliprane, au moment d'une poussée dentaire. Pourvu que cela dure !

Je partage mes recettes, découvertes, bons plans et bonnes adresses à Lyon, sur mon blog[3]. J'ai aussi créé des groupes sur Facebook « entraide apprentis zéro déchet à Lyon » qui compte aujourd'hui près de 5 000 abonnés et « entraide apprentis zéro déchet à Lyon – bébés et parents ». L'objectif est de promouvoir le mode de vie zéro déchet et d'aider ceux qui le souhaitent à se lancer, grâce à des astuces et recettes simples, faciles, nécessitant peu d'ingrédients et peu onéreuses. L'idée est de ne pas culpabiliser et de fournir des solutions à portée de tous pour convaincre un maximum de monde à diminuer ses déchets. »

CHRISTIAN, 55 ANS, PÈRE D'UNE FILLETTE DE 5 ANS, A LITTÉRALEMENT CHANGÉ DE VIE !

« Je fais de la voile depuis mon plus jeune âge. Après des années de sport-études dans ce domaine et une passion dévorante pour la voile, je me suis lancé dans la course au large en 1999. Ma vie entière était alors dédiée aux projets de courses qui se montaient sur deux, trois ou même quatre ans. Je n'avais aucune vie de famille et n'y pensais pas, car ce n'était clairement pas conciliable avec mon mode de vie. Puis, à 50 ans, j'ai rencontré la femme qui est devenue la mère de ma fille. Je suis donc devenu père de famille, avec des responsabilités nouvelles, incompatibles avec une vie en mer. J'ai ainsi petit à petit abandonné la voile de compétition. Ensemble, nous avons acheté une maison et avons tout refait. Nous avons alors organisé notre logement de manière à consommer le moins possible. Nous avons mis en place un récupérateur d'eau et optimisé notre consommation d'énergie pour être presque autonomes. Sur les bateaux, nous minimisons nos

3 Les recettes et conseils sont à retrouver sur le blog : https://www.tiffinlyon.com/recettes

besoins et organisons la vie à bord, de manière à être le moins dépendants possible des énergies non renouvelables. J'ai tenté de reproduire cela à terre. Ainsi, nous recyclons tout ce que nous pouvons : nous compostons les déchets, donnons une seconde vie à nos habits qui deviennent presque éternels ! À notre échelle, nous tentons de créer un système d'économie circulaire. Là encore, je me suis beaucoup inspiré de mon expérience sur les océans. Car en mer, nous observons les conséquences de la pollution et sommes les premiers alertés.

Je cuisine beaucoup et vais pêcher mon poisson. Nous avons aussi un petit potager pour les légumes et les plantes aromatiques. Par ailleurs, nous produisons très peu de déchets : nous ne gaspillons ni nourriture, ni vêtements et privilégions les produits réutilisables dans la salle de bains comme dans la cuisine, un peu comme sur les bateaux où évidemment rien n'est laissé en mer et où les quelques détritus doivent être rapportés à terre à la fin de la course. Notre vie sobre nous permet de réaliser de réelles économies.

Puis j'ai voulu aller plus loin. Pour ma fille. Je suis inquiet de l'environnement dans lequel elle va grandir, je souhaite donc me mobiliser pour contribuer à lui construire un avenir plus sain. J'ai ainsi réuni des gens pour que l'on échange nos solutions. J'ai exposé nos réussites et puisé des idées nouvelles. Ensemble, nous avons ensuite voulu appliquer ces solutions à plus grande échelle, celle de notre petite commune, Port-Louis, en Bretagne, de moins de 3 000 habitants. Poussé par mes responsabilités à l'égard de ma fille, je me suis ainsi progressivement engagé dans la vie de ma commune. Je réfléchis à la façon dont nous pouvons bâtir un environnement plus durable, en m'inspirant de ce qui a fonctionné dans notre maison et qui pourrait être généralisé mais aussi grâce aux retours des autres. L'objectif est de fédérer un maximum de gens autour d'idées concrètes et réalistes, comme la multiplication de récupérateurs d'eau, le développement des énergies renouvelables, la plantation de fleurs mellifères partout où c'est possible, l'installation de ruches, de potagers collectifs… L'idée est aussi de convaincre les gens de changer en leur montrant que ces solutions sont non seulement plus durables mais aussi plus économiques. »

CONCLUSION

Votre enfant a désormais 6 mois ou plus, il commence peut-être à faire ses nuits, à manger des purées ou même des morceaux de fruits et légumes (bio !), à sourire, gazouiller... Que de chemin parcouru ! Vous avez expérimenté beaucoup de choses, changé certaines habitudes, essuyé quelques échecs et des victoires. Vous avez traversé une véritable tempête émotionnelle, affronté les courtes nuits, quelques frustrations et d'éventuelles compromissions avec ce que vous aviez imaginé (allaitement exclusif, couches lavables, achats minimalistes, crèche parentale...) Mais vous êtes parvenus à combiner la quête d'un monde plus durable à votre nouvelle vie, avec les contraintes et changements induits par l'arrivée de votre nouveau-né. Vous êtes « en transition » et cheminez en famille, en embarquant le plus de monde possible dans cette chevauchée rassurante, conviviale, joyeuse ... et un peu foutraque !

La crise de la Covid et le confinement ont très probablement conforté vos choix et aussi fait voler en éclats quelques certitudes. Cet événement majeur vous incite sans doute de vouloir aller encore plus loin, à sortir des chemins tout tracés, à défricher de nouvelles solutions, quitte à se tromper et recommencer.

Cette pandémie a aussi remis en cause nos systèmes mondialisés, morcelés, interdépendants et si peu autonomes. Dans l'urgence, nous nous sommes pris en main et n'avons pas attendu les solutions d'un État en proie au doute et paralysé par tant de remises en question.

Cette parenthèse nous a ainsi collectivement forcés à inventer de nouveaux modes de communication, de travail, de rassemblement, d'alimentation... et de vie. Certains se sont initiés aux joies du jardinage pour produire leurs propres fruits et légumes et ainsi moins dépendre des supermarchés. D'autres ont rêvé de poules et d'œufs frais à portée de main, là encore pour se départir d'un système défaillant. Des recettes de pain ou de yaourts faits maison n'ont jamais autant circulé sur la toile, pendant que des apprentis couturiers ont confectionné – avec les moyens du bord – des couches, des vêtements pour ce bébé qui grandit trop vite ou encore des masques, faute de pouvoir les trouver dans le commerce. Contraintes ou choisies, ces nouvelles activités ont permis à ceux qui s'y sont adonnés de s'affranchir, au moins en partie, d'un système devenu officiellement faillible. Cette conquête d'autonomie est gratifiante, elle permet aussi de réaliser de substantielles économies et de ménager notre planète. Autant d'atouts qui pourraient inciter à revoir durablement nos modes de vie et préparer un avenir plus durable pour nos enfants.

GLOSSAIRE

Les substances à risques

• Perturbateurs endocriniens

Ces substances chimiques provoquent des désordres hormonaux. Elles « sont responsables de toutes les grandes maladies chroniques et de troubles de la fertilité. En cinquante ans, un homme en âge de procréer a perdu un spermatozoïde sur deux. Il est plus difficile de quantifier ces troubles chez les femmes, mais la hausse des recours à la PMA témoigne de cette baisse de la fertilité, même si d'autres facteurs entrent en jeu », alerte André Cicolella, président et fondateur de l'association Réseau Environnement Santé, à l'origine de l'interdiction du bisphénol A dans la fabrication des biberons. Ils provoquent également des maladies chroniques, comme l'asthme, des troubles du langage, des cancers du sein ou de la prostate, l'obésité..., précise le chimiste et toxicologue.

Le scientifique rappelle que les 1 000 premiers jours de l'enfant – de sa conception à ses deux ans – sont décisifs. Autrement dit, l'exposition *in utero* aux perturbateurs endocriniens peut être à l'origine de maladies comme un cancer de la prostate ou du sein, de maladies respiratoires... des années plus tard.

Or nous cohabitons avec ces substances comme les phtalates libérés par le plastique, les sols en PVC ou stratifiés, certains jouets...

• Pesticides

Ces produits chimiques sont utilisés pour lutter contre des organismes indésirables ou des ravageurs. Ce terme rassemble tout à la fois les insecticides, les fongicides, les herbicides et les parasiticides. Mal utilisés, ils peuvent s'accumuler dans la chaîne alimentaire et/ou contaminer l'environnement. « De nombreuses études démontrent que les pesticides viennent perturber le système endocrinien. C'est trop complexe pour être prouvé scientifiquement mais nous avons pu le constater empiriquement », avance Philippe Pointereau, agronome et directeur du pôle agroenvironnement de Solagro.

• Allergène

Ainsi qualifie-t-on une substance qui peut provoquer des réactions violentes du système immunitaire après contact, ingestion ou inhalation.

Composés organiques volatils (COV)

Cet acronyme regroupe un grand nombre de substances différentes, comme des hydrocarbures aromatiques dont le benzène, le toluène, l'éthylbenzène et autres hydrocarbures ou des solvants comme le très fréquent formaldéhyde... Ces composés chimiques sont présents dans l'atmosphère et en grand nombre dans l'air pollué des villes, mais également dans l'air intérieur des habitations.

Ces « nouveaux » polluants se trouvent dans les carburants mais aussi dans de nombreux produits courants comme les peintures, les meubles, les encres, les colles, les détachants, les cosmétiques, les solvants... pour des usages ménagers, professionnels ou industriels. Ils servent de solvant, de dégraissant, de dissolvant, d'agent de nettoyage, de disperseur, de conservateur, d'agent de synthèse...

Ils sont sources de troubles sur la santé :

- Lorsqu'ils sont inhalés par une femme enceinte, ils peuvent nuire au bon développement du fœtus en entraînant par exemple des malformations et des troubles du développement.
- Chez le jeune enfant, ils peuvent provoquer des troubles du comportement et de la reproduction ou des maladies respiratoires.
- À forte dose, ils peuvent être à l'origine d'intoxications aiguës qui se manifestent par des irritations de la peau, du nez, de la gorge et des yeux. Le système nerveux central peut également être affecté, ce qui engendre des vertiges, des maux de tête et des nausées. Ces intoxications sont généralement temporaires mais elles peuvent être mortelles : de rares cas ont été recensés.
- Ces substances chimiques sont potentiellement cancérogènes.

• Formaldéhyde

Cette substance est principalement présente dans les environnements intérieurs. De fait, on la retrouve « dans les produits de construction, ameublement, produits détergents, etc. Elle est également émise naturellement lors de tout phénomène de combustion (feux, fumée de cigarette) et lors d'activités anthropiques (cuisson des aliments, poêle à bois) », précise l'Ademe. Elle est classée par le Centre international de recherche sur le cancer (CIRC) comme « substance cancérogène avérée pour l'homme » (groupe 1), depuis 2004. Son inhalation augmente en effet significativement les risques de cancer du nasopharynx.

• Benzène

Ce liquide incolore très volatil, souvent utilisé comme solvant aromatique par les industriels, est considéré par le Centre international de recherche sur le cancer comme un cancérogène certain (groupe 1) : il est fortement associé à des cas de leucémie.

• Retardateurs de flamme

Ces substances ont, comme leur nom l'indique, pour but de diminuer l'inflammation. Toutefois, dans un rapport, l'Anses souligne que ces molécules présentent des risques pour la santé et l'environnement, mais pas de bénéfices démontrés dans la prévention des incendies. Des tests menés sur des animaux ont établi que certains de ces composés sont à la fois cancérogènes et également de potentiels perturbateurs endocriniens et toxiques pour la reproduction ou neurotoxiques.

• Particules

Ce sont des éléments de petite taille en suspension dans l'air, de nature très variée comme les pollens, les poussières naturelles, spores, allergènes, produits de combustion... Elles peuvent aussi être le support de polluants, de virus et de bactéries.

Dans le cas de la pollution de l'air, ces poussières sont souvent issues de combustions qui ne sont pas totales et génèrent des imbrûlés, de plus ou moins petites tailles.

Les particules fines pénètrent en profondeur dans les poumons. Leurs effets (rhumes, problèmes respiratoires, cancers...) dépendent de leur taille et de leur composition. Elles peuvent également transporter des composés cancérogènes jusque dans les poumons.

- **HAP (hydrocarbure aromatique polycyclique)**

Cette famille de composés chimiques semi-volatils provient, à l'état naturel, du charbon ou du pétrole mais également de la combustion incomplète de matières organiques telles que les carburants, le bois, le tabac... Ils sont présents dans l'air, l'eau ou l'alimentation et considérés comme toxiques. L'une de ces substances, le benzo[a]pyrène qui se trouve dans un bon nombre de mélanges de HAP en proportion relativement constante (environ 10 %), est un cancérogène avéré (groupe 1 du CIRC), trois autres sont classés cancérogènes probables (groupe 2A du CIRC) et 11 autres sont classés cancérogènes possibles (groupe 2B).

Certaines de ces substances indésirables ont été découvertes dans des produits alimentaires transformés, comme les céréales, des dérivés de produits de la mer ou encore des huiles et des graisses végétales. Elles ont également été détectées dans des couches pour les bébés.

Les labels fiables

Se référer aux labels officiels est un bon moyen de contourner les pièges tendus par certaines marques ou produits autoproclamés sains et écologiques. Mais tous les labels bio n'ont pas le même degré d'exigence. Certaines chartes imposent un pourcentage de produits français, d'autres sont plus pointilleuses sur les conditions de travail des producteurs ou encore sur le respect de certaines règles environnementales.

Les logos généralistes

• AB

Ce label est la propriété du ministère de l'Agriculture. Créé en 1985, il répond (depuis 2010) aux mêmes exigences que son homologue européen. La charte impose une interdiction des pesticides ainsi que des engrais chimiques de synthèse. Certains produits d'origine naturelle sont compatibles avec la charte, sous certaines conditions. Les OGM sont également proscrits. Concernant les produits transformés, ils doivent contenir 95 % d'ingrédients issus de l'agriculture biologique.

CERTIFIÉ AB AGRICULTURE BIOLOGIQUE
CERTIFIE PAR CERTIPAQ BIO – FR-BIO-09
AGRICULTURE FRANCE

• Demeter

En plus des critères de la charte AB, ce logo intègre les préceptes de l'agriculture biodynamique. Il bannit ainsi tous les pesticides chimiques et de synthèse et privilégie en plus les pratiques qui favorisent la biodiversité. Pour être ainsi labellisés, les produits transformés doivent être composés à 90 % d'aliments certifiés Demeter et les 10 % restants doivent être certifiés bio.

- Nature & Progrès

La mention est plus exigeante que le logo AB. L'association a été créée en 1964 par des consommateurs, des agriculteurs producteurs et des artisans transformateurs. Elle est la doyenne des certifications pour la promotion de l'agriculture biologique et de la biodynamie en France. Pour décrocher ce logo, les produits doivent être composés essentiellement de matières végétales issues de l'agriculture biologique ou de matières minérales non pétrochimiques. L'huile de palme est interdite. Les fermes de petite taille, locales et les matériaux locaux ainsi que les énergies renouvelables sont encouragés.

- Bio Cohérence

Ce logo est lui aussi plus exigeant que le logo AB dans la mesure où les produits bio doivent être cultivés, produits et transformés sur le sol français. Ce label a été créé en 2010, en réaction à une diminution des exigences du cahier des charges du label français AB lorsqu'il s'est aligné sur la charte européenne.

- Ecocert

Le label Ecocert allie les contraintes du logo AB et des valeurs éthiques. Il garantit l'absence de produits issus de la pétrochimie, un recours aux ingrédients issus de l'agriculture biologique dès que possible, et des procédés de fabrication les moins nocifs possibles pour l'environnement.

Pour les produits d'entretien, le label incite à la réutilisation des contenants. Les plastiques non recyclables ne sont pas admis.

- Bio Partenaire et Bio Équitable

En plus des contraintes du logo AB, ils intègrent des critères humains, notamment une plus juste rémunération du producteur.

• L'écolabel européen et NF environnement

Le seul label écologique officiel européen et sa déclinaison française certifient que les produits sont partiellement biodégradables, ont un impact moindre sur l'environnement et sur la santé, tout en conservant une efficacité équivalente à celle des produits traditionnels. Quatre organismes distincts délivrent ces labels à 40 catégories de produits différents (des meubles aux pots de peinture en passant par les produits d'entretien, les hôtels ou encore les habits).

« Pour les vêtements et le linge de maison ce logo signifie que le textile ainsi produit est composé de fibres durables et de haute qualité, que les procédés de fabrication sont moins polluants, que l'utilisation de certaines substances dangereuses pour la santé humaine a été limitée ou interdite et que le textile respecte des critères sur les conditions de travail. Pour les chaussures ce logo signifie que les chaussures contiennent moins de substances dangereuses pour la santé humaine. Lors de la fabrication, la consommation d'eau, d'énergie et la pollution de l'air ont été limitées. »

Les logos spécialisés

• Label rouge

La marque commerciale de l'Union européenne est considérée en France comme label de qualité. Il garantit de meilleures conditions de production ou de fabrication et un niveau de qualité des produits ainsi certifiés supérieur par rapport aux autres produits similaires, notamment pour la viande. Le degré d'exigence dépend du cahier des charges établi pour un produit donné.

• NF ameublement

L'industrie française est vigilante et privilégie des colles et des produits de finition à base d'eau, elle n'utilise pas de phtalates ni de retardateurs de flamme nocifs.

• L'Ange bleu

Cet écolabel allemand est décerné, sur demande, aux produits et services non alimentaires ayant un moindre impact sur l'environnement et la santé. Les critères définis sont stricts.

• Nordic Swan

L'écolabel officiel scandinave a été créé après son homologue allemand et il est reconnu comme étant particulièrement exigeant : les produits ainsi labellisés doivent être durables et leur conception doit respecter de stricts critères environnementaux. Il considère l'ensemble des impacts environnementaux d'un produit durant tout son cycle de vie, de l'extraction des matières premières jusqu'à son recyclage.

Composition et mise en pages
Nord Compo à Villeneuve-d'Ascq

MARABOUT
s'engage pour l'environnement
en réduisant l'empreinte carbone
de ses livres.
Celle de cet exemplaire est de :
450 g éq. CO_2
Rendez-vous sur
www.marabout-durable.fr

PAPIER À BASE DE
FIBRES CERTIFIÉES

Achevé d'imprimé par Grafica Veneta en Italie,
Pour le compte des Éditions Marabout
(58, rue Jean-Bleuzen, 92178 Vanves)
Dépôt légal : Septembre 2020
ISBN : 978-2-501-14436-0

8759905